KB045664

군산

D

D

대한민국 도슨트
한국의 땅과 사람에
관한 이야기

07

군산

배지영 지음

21세기북스

군산 행정 지도

인구 26만 8,558명 (2020년 5월 기준)
면적 395.9㎢
행정구분 1읍 10면 16동

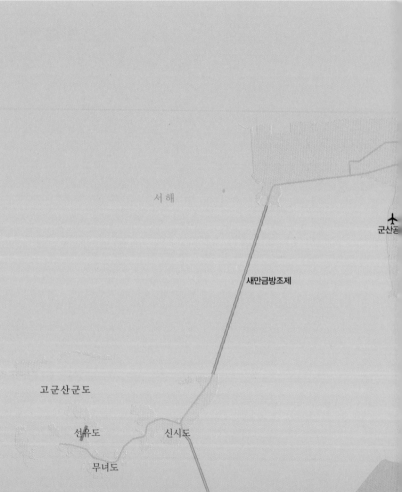

서 해

새만금방조제

군산공항

고군산군도

선유도   신시도

무녀도

어청도

연도

서천군

개야도

군 산 시

익산시

서 해

김제시

선유도 신시도

서천군

금강

군산IC

군산역

서해안고속도로

시간여행마을

산항

군산시외버스터미널

호원대학교

군산시청

군산선

임피역

은파호수공원

익산시

군산대학교

대야역

옥구저수지

군산호수

청암산

만경강

김제시

N

차례

'군산 도슨트'
배지영

"군산 사람이에요?"

질문을 받을 때마다 변명하는 사람처럼 대답이 길어지곤 했다. 나는 군산에서 나고 자라지 않았다. 이 도시에 처음 온 날은 1990년 12월 18일, 열아홉 살 겨울이었다.

2박 3일에 걸쳐서 예비소집, 학력고사, 면접을 치렀다. 시골에서 올라온 내가 짐을 푼 곳은 1960년대에 지어진 항도장이었다. 시험 전날의 긴장을 풀기 위해 영화 '토탈 리콜'을 보러 간 곳은 1920년대에 세워진 국도극장, 숙소랑 가까워서 무심코 들어간 빵집은 1945년에 문을 연 이성당, 학력고사 끝나고 친구들이랑 몰려간 나이트클럽은 그로부터 18년 뒤에 국가등록문화재 제374호로 지정된 조선은행 건물이었다. 장국영과 주윤발이 주인공으로 나오는 영화를 틀어준다고 해도 영광 읍내의 유서 깊은 동시상영극장에 가지 않던 고등학생에게 군산 역시 반짝거리지 않는 도시였다.

군산의 매력을 알아본 건 시아버지 덕분이었다. 일제강점기에 군산시 옥구읍 수산리에서 태어난 아버지는 왜놈들이 공출해갈 나락 가마니를 지게에 지고 왕복 20km가 넘는 군산내항까지 걷던 소년이었다. 6·25전쟁 때는 가까운 미면(미룡동)에서 혈육끼리 죽고 죽이는 참상이 일어났고, 아버지가 아는 친구도 세상을 떠났다. 아버지는 보릿고개보다 더 가파른 삶의 고개를 넘으며 다섯 아이를 길렀다. 음식을 맛있게 해서 처자식과 이웃에게 먹이기 좋아했던 아버지는 괴롭고 힘든 이야기도 "그때는 내가 참 잘생겼느니라."로 끝냈다. 유머와 자존감으로 마무리하는 그 결말이 좋았다.

아버지는 만경강 하구에서 투망을 던져 망둥이와 숭어를 잡았다. 어느 날은 빨간 앞발을 가진 도둑게를 손바닥에 올려서 우리 아이에게 보여주었다. 게 이름을 듣고 의심을 품는 손주에게 아버지는 "밥을 훔쳐 먹어서 그려. 부엌까지 온다니께."라고 했다.

시가 동네에는 염전이 있었다. 소금은 만들지 않고 '오는' 거고, 송홧가루가 날리는 봄에 오는 소금이 최고라는 것도 아버지한테 배웠다. 나는 군산 곳곳의 이야기가 궁금해졌고, 그때마다 아버지께 질문했다.

"여러 사람한테 탐구를 해야 쓴다. 네가 바빠서 이 사람 저 사람한테 탐구를 못 할 것 같으믄, 궁금한 것을 먼저 말을 혀. 아버지가 다 탐구를 해다 줄 판이여."

탐구의 기본을 배운 나는 『탁류』와 『아리랑』 같은 소설을 다시 읽었다. 향토역사학자 김중규 선생이 쓴 군산에 대한

책들과 군산에 대한 각종 신문 기사를 읽었다. 비옥한 들과 조창이 있는 항구를 가졌다는 것 때문에 더 가혹하게 수탈당한 군산. 한강 이남에서 가장 먼저 3·1운동을 벌이고, 일제강점기 일본인 농장주에 맞서 싸웠던 사람들의 절박함을 느꼈다. 일제가 쫓겨 가고, 전쟁이 끝나고 온 개발의 시대. 군산은 오래도록 주목받지 못했다. 나는 그런 군산과 군산에 사는 사람들 이야기를 쓰고 있었다.

며느리를 대신해서 탐구해주던 아버지는 돌아가셨다. 나는 인터넷에 검색해도 나오지 않는 이야기의 퍼즐 조각을 찾기 위해 같은 장소에 몇 번씩 다시 가봤다. 옛이야기처럼 홀연히 귀인들이 나타나기도 했다. 나는 말귀를 못 알아먹는 사람처럼 같은 질문을 두세 번씩 했다. 이야기의 빈 구멍을 메꿔주던 귀인들의 반응은 비슷했다. 기습적으로 나한테 물었다.

"이런 것이 왜 알고 싶을까? 군산 사람 아니여?"

"군산 사람이긴 한데요, 여기서 태어나고 자라지는 않았어요. 애들은 군산에서 낳고 키우고요."

"군산 사람이고만."

100여 년 된 원도심의 건물들과 그보다 더 오래된 군산의 들과 산과 강에는 수백, 수천 년간 살아온 사람들의 이야기가 깃들어 있었다. 나는 운 좋게도 그 아름다움과 특별함을 볼 수 있는 시기에 당도해 있었다. 군산에서 서른 번째 봄을 맞은 해, 대한민국 도슨트 〈군산〉 이야기를 쓴 나는 군산 사람이다.

군산에서 배지영

군산의 시간은 꿈틀거린다.
근대가 남긴 이 도시의 유산들은
더 이상 과거가 아니다.

변화를 포용할 줄 아는
열정의 도시

군산은 타임머신에 오르지 않고도 시간을 거스를 수 있는
도시다. 자동차, 버스, 기차 같은 평범한 교통수단을 타고
도착해도 시간여행자의 자격을 얻는다. 대도시에서 온 사람
들은 사방에서 하늘을 볼 수 있는 군산 원도심에 일단 감탄
한다. 그런 다음에야 얼마나 먼 옛날로 왔는지를 가늠한다.

　1899년 5월에 항구의 문을 연 군산. 1900년에는 군산과
오사카를 오가는 직항로가 개설됐다. 일본은 순식간에 군산
의 거의 모든 것을 쓸어버리고 도시를 설계했다. 1901년에
는 군산에서 일하는 일본인 목수만 31명이었다. 땅을 빼앗
기고, 나라를 잃은 우리나라 사람들은 축항 공사며 신작로

와 철도를 건설하는 일에 동원되었다.

1908년, 군산에서 전주를 오가는 신작로가 뚫렸다. 우리나라 최초의 근대도로인 이 길에는 콘크리트가 깔려 있었다. 소달구지가 다니던 곳으로 자동차가 지나다녔다. 경술국치 전인 1909년, 전라도 지역의 쌀은 전군도로를 통해서 군산항으로 모였고, 우리나라 전체 쌀 생산량의 32.4%가 일본으로 실려 갔다. 1912년에는 군산과 익산을 오가는 철도가 신작로 옆으로 개통됐다.

한강 이남 최초로 3·1만세운동을 벌인 곳이 군산이다. 군산 사람들은 수탈을 운명으로 받아들이지 않고 맞서 싸웠다. 학생과 선생님, 종교인과 병원 직원, 그리고 일반 시민들 모두가 거리로 나서 만세를 외쳤다. 내항의 정미소에서 저임금에 장시간 노동을 하는 미선공들과 매가리공들은 일본인 업주의 부당한 대우에 항거하고 개선을 요구하며 파업했다. 수백 명의 옥구 농민들은 75%의 소작료를 물리는 일본인 농장주에게 맞서 항쟁을 일으켰다.

1930년대 군산의 겉모습은 화려했다. 동서양이 혼합된 건축양식으로 지은 건축물이 도시의 국적을 완전히 바꿔 놓은 듯했다. 일본인들은 미나카이 백화점, 사진관, 고급요리

점, 가구점, 서점, 양품점, 운동구점에 드나들었다. 커피, 샌드위치, 오므라이스, 맥주를 파는 카페와 레스토랑도 많았다. 군산부청, 자혜의원(현 군산의료원), 군산상공회의소, 군산금융조합, 부영도서관 같은 관공서도 중심가에 들어서 있었다.

개항 전, 일본인들이 오기 전에 군산은 어떤 모습이었을까. 그저 작은 어촌이었을까. 조선 시대에는 전라도 지역의 세곡을 한양까지 보내는 창구 역할을 했던 조창(漕倉)이 있었다. 군산창은 1512년에 세워져 19세기 말까지 400년 가까이 운영됐다. 정6품인 수군만호가 군사 461명과 초공 4명, 8척의 전함을 관리하는 군산진이 있던 곳이기도 했다. 고려 시대에도 세곡을 관리하는 진성창이 있었고, 최무선 장군은 직접 만든 화포로 500여 척의 왜적 선단을 무찔러서 이 도시와 나라를 지켰다. 삼국 시대에도, 선사 시대에도 군산 사람들은 역사를 만들어 가고 있었다.

과수원 아래 잠들어 있던 구석기 유물

역세권 아파트 단지가 들어선 내흥동 군산역은 원래 배나무 과수원이 있던 자리였다. 봄에는 마을과 들이 온통 하얀 배꽃으로 뒤덮였다. 금강하굿둑에서 아이들을 데리고 놀다가 해 질 녘에 군산 시내로 들어오는 젊은 부부들은 이 풍경에 쉬이 압도당했다. 몽글몽글한 배꽃이 핀 왼쪽의 과수원 능선은 커다란 유화 그림 같았다. 하얀 능선 오른쪽의 금강에는 빚은 것처럼 동그랗고 커다란 해가 수평선을 붉게 물들였다.

3만여 년 전 그 땅에는 구석기인들이 살았다. 과즙이 많은 달콤한 배를 맛보지는 못했을 것이다. 하지만 큰 돌을 부딪쳐 만든 도구로 사냥이나 채집을 하고 돌아오는 길에 금강으로 지는 노을을 보았을 것이다. 그들의 정서는 지금의 우리와 크게 다르지 않았다. 맹수의 습격이나 옆 동네 부족과 일어난 싸움으로, 혹은 갑작스러운 사고로 누군가 죽으면 애도할 줄 알았다. 시신을 매장할 때는 꽃가루를 뿌려주었다.

2002년 4월, 과수원의 3m 아래 지층에서 후기 구석기인들이 썼던 자갈돌 격지 4점을 발굴했다. 장항역과 군산역의 연결 공사를 하기 전 문화재 조사 발굴 작업을 한 건 탁월한 결정이었다. 같은 자리를 더 깊이 파고 들어가 보니 구석기 시대의 생태를 알 수 있는 나뭇잎 퇴적층이 있었다. 그밖에도 1500년대 조선 시대의 백자 300여 종과 완벽한 모습을 한 인골도 나왔다. 군산역 2층 '내흥동 구석기유적전시관'으로 가면 그때 발굴한 구석기 시대의 실제 퇴적층과 원형수혈유구(구덩이 모양의 집터)를 볼 수 있다.

백제 시대부터 외교 관문이 된 군산

전라북도 최초의 신석기 유적은 비응도, 무녀도, 띠섬, 내초도에서 나온 조개 무덤이다. 비응도에서는 우리가 역사 교과서에서 보고 익힌 빗살무늬토기가 나왔다. 조개껍데기로 무늬를 그려 넣은 토기는 모래에 박아놓고 쓰기 위해 주둥이는 넓고 바닥은 뾰족하다. 향토역사학자 김중규 씨는 『군산역사 이야기』에서 배를 타고 굴을 따러 온 신석기인들이 빗살무늬토기를 비응도에 전해줬을 거라고 했다.

농사를 짓는 청동기 시대 사람들은 신석기 시대 사람들보다 배고픔에 덜 시달렸다. 사유재산을 축적한 사람은 무기를 가진 지배자가 되었다. 바다나 강을 낀 지역의 청동기 지배자들은 죽어서 고인돌에 묻혔다. 우리나라에는 4만여 기의 고인돌이 있고, 그중에서 군산에는 나운동 신일아파트, 신관동, 옥구읍 선제리, 성산면 수심마을 등에 20여 기의 고인돌이 남아 있다.

『삼국지』「위서」 동이전에 의하면, 부족국가 마한을 세운 사람은 고조선의 준왕이었다. 위만에게 쫓겨 온 그는 금강에 도착했다. 마한의 54개 부족 중 3개 부족은 군산의 사노국(옥구), 신흥국(임피), 비리국(회현)이었다. 그때 군산은 지금의 해안선과는 달랐다. 물길이 경암동에서 시청, 한라비발디, 옥산 칠다리, 옥구 수산이곡평야를 거쳐 만경강 하구로 이어졌다. 군산은 회현과 떨어져 있는 섬이었다.

마한은 왕권국가인 백제에 병합되었다. 475년, 고구려의 장수왕은 기마병단을 앞세워 백제의 수도 한성에 침입했다. 백제의 개로왕은 죽고, 살아남은 태자는 남하하여 웅진(공주)에서 망했다고 생각한 백제를 일으켜 세웠다. 금강에서 서해로 이어지는 물길을 가진 군산은 이 시기부터 중국이나 일본과 교류하는 백제의 관문이 되었다.

군산이 된 진포, 옛 군산이 된 크고 작은 섬들

군산 땅의 옛 이름은 진포다. 군산에서는 진포초등학교, 진포중학교, 진포해양테마공원뿐만 아니라 식당, 횟집, 통닭집, 인쇄소에서도 진포라는 이름을 흔히 볼 수 있다. 고려서

「식화지」에서 "임피 진성창은 진포다."라고 했고, 지도 「동여비고」에서는 오성산 인근 지역을 진포라고 했다. 진포는 금강 하구를 중심지로 삼고 성장했다.

고려 후기에 왜구는 쌀을 빼앗겠다는 목표를 가지고 끈질기게 진포 사람들을 괴롭혔다. 개성으로 올라가는 쌀 운반선을 선유도 앞바다에서 약탈했고, 조창인 진성창에 침입했다. 1380년에는 500여 척의 배에 나눠 탄 2만 5천여 명의 왜구가 진포에 도착했다. 약탈은 물론 민가에 불을 지르는 무법자들이었다.

고려 우왕은 최무선 장군과 나세 장군에게 진포에 침략한 왜구를 소탕하라는 명령을 내렸다. 최무선 장군은 직접 설계한 80여 척의 병선과 우리나라 최초로 화약을 이용한 화통과 화포를 앞세웠다. 화포에 맞은 수백 척의 왜선들은 불에 타서 가라앉았다. 크게 이긴 이 전투가 고려의 3대 대첩 중 하나로 꼽히는 진포대첩이다.

진포와 달리 애초에 군산이라 불리던 곳은 바다 위에 있었다. 선유도, 무녀도, 야미도, 신시도, 장자도 등 16개의 유인도와 수십 개의 무인도가 산처럼 무리 지어 있는 곳을 군산(群山)이라고 했다.

고군산군도와 고군산대교 푸른 바다 위 여러 개의 섬이 산처럼 솟아 있다. 돛 모양을 형상화한 다리는 신시도와 무녀도를 잇는 고군산대교로 2016년에 완공됐다. 군산(群山)은 수십 개의 섬이 산처럼 솟아 있다고 붙은 이름이었다. 육지에 이름을 내어준 지금은 옛군산이라는 뜻의 고군산군도로 불린다.

조선 전기에 설치한 군산진은 군산의 중심인 선유도에 있었다. 이 때문에 왜구들은 군산진을 우회해서 금강을 끼고 있는 마을들을 약탈했다. 세종 때에 이르러서 섬에 있던 군산진을 진포로 옮겼다. 군산은 진과 함께 지명까지 진포로 딸려 보냈고, 이때부터 진포는 지금의 군산이 되었다. 이름을 넘겨준 수십 개의 섬은 옛 군산이라는 의미의 '고군산군도(古群山群島)'로 남아 있다.

이순신 장군과 최호 장군의 숨결이 머문 곳

1597년 9월 16일, 서해를 거쳐 한강으로 올라가려던 왜구들은 명량 울돌목에서 이순신 장군이 지휘하는 조선 수군에게 대패했다. 12척의 배로 왜선 133척 중 31척을 격파한 이순신 장군은 다시 공격할 수 있는 병력을 갖춘 왜구를 경계하고 있었다. 장군은 닷새 뒤인 9월 21일에 큰 정박지가 있고 수많은 섬이 둘러싸고 있는 군산 선유도에 왔다. 싸울 자리를 찾기 위해서였다.

이순신 장군은 지금의 선유도 보건소 앞에 닻을 내렸다. 섬에는 이미 육지에서 온 피난민들이 많았다. 조선 수군은 선유도에서 부서진 전함을 수리했다. 이순신 장군은 9월 24

일부터 사흘간을 '몸이 좋지 못해서 신음하고, 허한이 온몸에 배고, 종일 나가지 않았다.'라고 기록했다. 가을 태풍을 선유도에서 맞았고, 왜구들이 아산 고향 집을 잿더미로 만들었다는 소식을 들었다. 10월 3일에 선유도를 떠난 이순신 장군은 다음 해 11월 노량해전에서 전사했다.

군산 사람들은 이순신 장군이 나오는 김훈의 소설 『칼의 노래』를 읽다가 "전라 우수사 이억기도 죽었고 충청 수사 최호도 배가 부서질 때 바다에서 죽었다."에서 과속방지턱을 넘는 자동차처럼 독서 속도를 줄인다. 군산시 개정면 발산리에서 태어난 최호 장군은 임진왜란 때 이순신 장군과 연합해 북상하는 일본군의 보급로를 차단하는 공을 세웠다.

그 전에 선조가 의주로 피신했을 때, 함경도 병마절도사였던 최호 장군은 왜군의 의주 진격을 막아냈다. 1597년 7월에는 '물이 얕고 좁은 칠천량은 전투에 불리하다.'고 수군 총사령관이었던 원균에게 부대를 옮기자고 건의했다. 최호 장군의 의견을 받아들이지 않은 원균은 전투 도중 부하들을 버리고 도망갔다. 하지만 최호 장군과 이억기 장군은 끝까지 왜군에 맞서 싸우다가 전사했다. 조선 후기에야 최호 장군을 추모하는 사당이 발산리에 지어졌고, 1990년대부터 해마다 군산에서는 최호 장군의 정신을 기리는 추모제를 열고 있다.

초등학교 뒤뜰에 놓인 보물 두 점

최호 장군이 세상을 떠나고 350여 년 뒤, 발산에는 초등학교가 설립되었다. 학교의 터는 일제강점기 때 군산의 5대 부호로 손꼽혔던 시마타니 야소야의 농장이었다. 그가 청주의 원료인 쌀을 찾아서 군산에 온 해는 1903년이었다. 시마타니는 발산과 임피 지역의 땅을 사들여 농장을 만들었다.

그가 땅 만큼이나 탐냈던 것은 조선의 문화재였다. 전북뿐만 아니라 충남, 전남, 충북의 문화재까지 끌어모았다. 그렇게 모은 보물 중 서화와 도자기는 농장의 서류와 현금과 함께 특별히 반지하 1층, 지상 2층으로 된 콘크리트 금고를 지어 보관했다. 금고의 층마다 철판으로 된 창이 있고, 창 안에는 다시 쇠창살을 달아서 이중 잠금장치를 해 놓았다. 1920년대에 지은 이 금고의 출입은 오직 'MADE IN USA' 라벨이 선명한 대형 철제문을 통해야 가능했다.

덩치 큰 시마타니 금고는 지금 발산초등학교 급식실 뒤편에서 숨죽인 채 있다. 봄이 와도 응달진 금고 앞은 싸늘하

다. 종일 뛰어다니면서 웃기 좋아하는 학생들이 학교에 와
야 시마타니 금고에도 온기가 도는 것처럼 보인다. 시마타
니 금고는 2005년 국가등록문화재 제182호로 지정되었다.

금고 옆의 뜰은 양지바르다. 시마타니는 발산에서 영원
히 살 줄 알고 약탈하거나 헐값에 가져온 석불, 석탑, 부도

시마타니 금고 발산초등학교 뒤뜰에 놓인 금고는 학교 건물만큼 웅장한 크기를 자랑한
다. 콘크리트로 지은 금고는 100년이 지난 지금까지 기운 흔적 없이 건재하다. 반지하 1
층과 지상 2층의 녹슨 창만 오랜 세월을 가늠케 한다. 시마타니 금고는 국가등록문화재
제182호로 지정됐다.

등을 뜰에 세워두고 감상했다. 일제가 패망하고 군산에 살던 일본인들이 자국으로 돌아갈 때 시마타니는 한국인으로 귀화를 해서라도 움켜쥔 땅과 보물을 놓지 않으려고 했다. 하지만 해방의 급류는 시마타니를 단칼에 쓸어내 버렸다. 그는 어느 것 하나 챙기지 못하고 돌아갔다.

발산초등학교에 있는 오층석탑은 보물 제276호이다. 원래 완주 봉림사 터에 있던 것을 시마타니가 소달구지에 실어서 가져왔다. 고려 시대에 만들었고, 받침돌은 신라의 석탑을 본떴다. 또 발산초등학교 석등은 보물 제234호이다. 간주석에 용이 새겨진 석등은 우리나라에서 유일하며, 더구나 그 안의 용은 개구지게 웃고 있다. 이 아름다운 유산들이 초등학교 뒤뜰에 서 있는 건 군산이 가진 수탈의 흉터 중 일부다.

들과 호수, 산과 바다가 곁을 내준 군산의 구불길

2020년 5월 15일 기준, 군산 인구의 46%는 나운동과 수송동에 산다. 군산을 벗어나 이웃 도시로 직장에 다니지 않는 한, 군산시민들이 출퇴근에 쓰는 시간은 대개 30분 안팎이다.

걸어서 10분, 또는 자동차로 10분 거리에 호수와 공원이 있는 군산 사람들은 여유롭다. 금강 하구와 만경강 하구, 서해에 둘러싸인 이 도시에서는 퇴근길이나 장 보러 가는 길에 바다와 들판 너머로 지는 일몰을 마주한다. 건물 숲을 이룬 아파트 단지 거실에서 모내기를 마친 너른 논이 보이기도 한다. 일과를 마친 저녁, 사람들은 호수길이나 산책로를 걷는다.

군산에는 천혜의 자연을 한껏 느끼면서 걸을 수 있는 구불길이 있다. 제주 올레길, 강릉 바우길, 지리산 둘레길과 더불어 국내 4대 명품길로 사랑받고 있다. 비단강길, 햇빛길, 큰들길, 미소길, 구슬뫼길, 달밝음길, 물빛길, 탁류길, 새만금길, 고군산길, 금강하굿둑길까지 11개의 코스로 나뉘는 군산 구불길은 저마다의 매력과 특색으로 즐거움을 선물한다.

황금 들녘을 가까이서 느끼고 싶다면 구불3길 큰들길이 좋다. 성산면 깐치멀마을에서 시작하는 이 코스는 조선말에 지어진 민속문화재 제24호 채원병 고택에 이른다. 날카롭게 따라붙던 볕이 처마 밑 그늘로 들어간 사람에게 꼼짝 못하는 게 가을이다. 원래의 임무로 돌아간 가을볕은 마당에 널린 곡식을 말리고, 여름 내내 습습해졌던 100년 넘은 가옥을 고실고실하게 만든다.

고택이 있는 성산면은 개정면으로 이어진다. 큰들길은 곧 근대기 활터인 진남정으로 접어든다. 진남정은 몇 차례 이전하다가 발산리에 자리 잡았다. 사람들은 임진왜란 때 공을 세운 최초 장군 유지와 일제강점기의 흔적이 남아 있는 발산초등학교에 들른다. 수백 년의 세월을 체감한 사람들은 면사무소가 있는 발산마을에서 밥을 먹기도 한다. 작은 마을과 야트막한 오솔길과 지평선을 끼고 걷다 보면 어느새 옥산면에 닿는다.

아이들에게 뭐라도 더 가르쳐주고 싶은 부모나 문학에 관심 있는 사람들이 선호하는 코스는 탁류길이다. 소설에서 딴 이름으로, 『탁류』는 채만식이 1937년 10월부터 1938년 5월까지 〈조선일보〉에 연재한 소설이다. "에두르고 휘돌아 멀리 흘러온 물(금강)이, 마침내 황해 바다에다가 깨어진 꿈이고 무엇이고 탁류째 얼러 좌르르 쏟아져버리면서 강은 다하고, 강이 다하는 남쪽으로 대처(시가지) 하나가 올라앉았다. 이곳이 군산(群山)이라는 항구요, 이야기는 예서부터 실마리가 풀린다."로 시작하는 소설은 군산시민에게 익숙하고 특별하다.

근대역사박물관에서 출발하는 탁류길은 해망굴, 신흥동 일본식 가옥, 동국사를 거쳐 『탁류』의 주인공 초봉이가 살던 동네로 이어진다. 제비집 같은 오막살이집들이 달라붙어 있었다는 둔뱀이의 흔적은 아직 남아 있다. '정주사 집', '한참봉네 쌀가게' 같은 소설비를 찾고 나서 개복동 쪽으로 간다. 그 건너편에는 일제강점기부터 2000년대 직전까지 '군산의 명동'이었던 영동이 있다.

　　탁류길에서는 초봉이 아버지가 식구들을 데리고 군산에 처음 닿은 째보선창을 빼놓을 수 없다. 선창에서 짠 내가 나는 진포해양테마공원을 지나면 초봉이의 남편 고태수가 다녔던 조선은행의 뒤태가 보인다. 소설 덕분인지 100여 년 전 사람들과 거리와 건물들이 멀게 느껴지지 않는 곳이다.

오랜 시간 켜켜이 맛을 쌓은 도시

1900년대 초반에 군산에는 중국 사람, 일본 사람, 미국 선교사들이 살고 있었다. 일찍부터 빵 굽는 냄새와 커피 향을 아는 군산 사람들이 있었다. 음식을 조금씩 담아내는 일본의 가정식과 활활 타오르는 불맛을 입힌 중국의 볶음요리도 알았다.

1945년 10월에는 일본군의 군용비행장이었던 옥서면 선연리에 미군 부대가 주둔하면서 그들의 음식 문화도 군산 시내로 흘러들었다. 6·25전쟁 이후에는 먹고살기 위해 전라도 끝에서, 경상도에서, 충청도 내륙에서 해망동과 신흥동 말랭이로 몰려온 사람들의 밥상도 군산 음식과 맞닿았다.

백제가 수도를 한성에서 웅진으로 옮긴 때부터 국제 교류의 공식 통로였던 군산. 그 후손들은 끼니가 닥쳐올 때마다 조상 대대로 내려온 음식만을 고집하지 않았다. 색다른 식재료와 조리법을 포용했다. 다행히도 군산은 서해와 금강, 만경강이 만나는 곳이라서 갖가지 해산물이 풍부하고, 싱싱한 채소도 얼마든지 구할 수 있었다.

일제강점기에 소학교를 다녔던 어르신이 '나나스끼'라고 부르던 것은 일본 나라 현의 츠게모노(장아찌)다. 정종을 좋아하는 일본인들은 군산에 양조장을 많이 세웠다. 먹을 게 없는 우리나라 사람들은 정종을 만들고 남은 주박(술지게미)을 울외와 버무려 항아리에 차곡차곡 넣어서 발효시켰다. 천연방부제 역할을 하는 주박은 묵힐수록 아삭거리고 깊은 맛이 난다. 전국에 유통되는 주박 장아찌의 70% 이상은 군산에서 생산하고 있다.

간쟝게장은 1600년대 이전부터 담가 먹은 음식이다. 압착한 콩에 곰팡이를 배양해서 달콤하게 만드는 일본의 양조간장은 간장게장에도 영향을 미쳤다. 사람들은 점차 '왜간장'이라고 부르는 간장으로 게장을 담갔다. 군산의 가정집에서는 알이 꽉 찬 5월 암꽃게를 사서 냉동고에 쟁였다가 가을에 한 번 더 담가서 먹기도 한다. 동네마다 "집에서 식구들만 먹이지 말고 좀 팔아봐."라고 추앙받는 숨은 실력자들이 있다. 타고난 전라도 손맛과 싱싱한 꽃게 덕분이다. 그래서인지 군산에는 밑반찬으로 양념게장을 주는 백반집도 있다. 어떤 여행자들은 이 도시의 여행 시작을 간장게장으로 연다.

공식적으로 중국 사람들은 1899년부터 군산에서 살았다. 화교들이 하는 중화요리 식당이 군산에만 70여 곳이던 시절도 있었다. 중국 산둥성에서 온 화교들은 고향에서 먹던 초마면을 전통 그대로 고수하지 않았다. 초마면을 바탕으로 군산에 흔한 해산물과 고춧가루를 넣어서 만든 게 짬뽕이었다. 지금은 군산의 중화요리 식당마다 고유한 짬뽕을 만들고 있다. 전국의 짬뽕 애호가들은 순례하듯 군산에 오고, 군산시는 이에 보답하듯 '짬뽕시대로'라는 중화요리 거리를 만들고 있다.

이성당은 군산 여행의 필수 코스다. 하지만 유일한 빵집은 아니다. 군산의 동네 빵집들은 힘을 모아서 미네랄, 칼슘, 칼륨이 풍부한 군산의 특산품인 흰찰쌀보리를 연구했다. 밀가루보다 수분을 많이 먹는, 쫀득쫀득한 흰찰쌀보리의 성질을 알아낸 뒤에는 밀가루 빵보다 2~3분간 더 구웠다. 지역마다 사람들의 추억이 서린 빵집은 사라져가고 있지만, 군산의 동네 빵집들은 각자의 경쟁력으로 프랜차이즈 빵집에 당당히 맞서고 있다.

좋은 재료를 쓸수록 음식은 맛있다. 바다와 갯벌, 넓은 들에 완전히 둘러싸인 군산의 음식은 최고일 수밖에 없다. 전주나 부안에 가기 전에 잠깐 들르던 여행자들도 소고기뭇국, 팥빵, 생선구이, 떡갈비, 회, 짬뽕, 호떡, 아귀찜 등을 먹기 위해 군산에서 묵는다. 2박 3일 내내 맛집을 다니고서도 다시 오고 싶은 도시로 군산을 꼽는다.

자립을 꿈꾸는 포용의 도시

개발의 시대에 소외당했던 군산은 1990년대 이후에 도드라지기 시작했다. 서해안 시대가 열리면서 한국GM, 두산인프

라코어, 타타대우, OCI, 현대중공업 같은 2차 산업이 들어왔다. 양질의 일자리 덕분에 인구가 늘고, 처음으로 나운동에 신도시가 지어졌다. 1년에 한두 번씩 고향에 내려오는 사람들은 "하도 변해서 오다가 길을 잃었다."는 농담을 했다.

2018년 4월, 군산은 고용위기지역 · 산업위기대응특별지역으로 지정되었다. 현대중공업 군산조선소가 가동을 중단했고, 6,000여 명이 일자리를 잃었다. 한국GM 군산 공장이 폐쇄를 결정하면서 출근하던 10,000여 명은 갈 곳을 잃었다. 협력업체, 식당, 마트, 서점, 학원, 옷가게 등 군산의 거의 모든 곳이 영향을 받았다.

고용위기지역으로 지정된 지 2년 만에 5,215명의 시민이 떠났다. 이웃의 빈자리를 실감한 군산 사람들은 대기업을 유치하는 것만큼 중요한 게 있다는 것을 깨달았다. 지역의 중소기업과 농 · 수산업에도 눈을 돌렸다. 강과 들, 훼손되지 않은 문화유산, 고군산을 앞세워 관광도시로 성장하자고 했다. 군산 경제의 체질을 바꿔서 대기업에 운명을 맡기지 않는 자립 도시를 꿈꾸기 시작했다.

군산에는 쇠락한 것들이 많다. 째보선창에는 어선, 식당, 선구점이 다닥다닥 붙어 있었다. 세월이 흐르면서 포구를 떠들썩하게 했던 것들은 사라지거나 잊혔다. 강아지도 돈을 물고 다녔다는 선창에는 녹이 벌건 어선들만 남아 있었다. 하지만 한낮에도 을씨년스럽던 째보선창의 옛 수협창고는 수제맥주 특화사업장인 '군산 째보스토리 1899'로 단장하고 있다. 전시와 공연을 감상하고, 군산 앞바다를 보며 맥주를 마시는 사람들은 100여 년 전의 군산처럼 이야기를 만들어 갈 것이다.

군산은 외지에서 온 청년들이 '로컬라이즈 군산'을 통해 원도심에 자리 잡는 것을 응원한다. 군산시는 크고 작은 민간 기업, 스타트업을 하는 청년들, 예술가들과 협업해서 도시재생사업을 하고 있다. 청년들이 대도시로 가지 않고 삶을 꾸리도록 청년지원근거조례를 제정하고 정비했다. 공공배달 앱 '배달의 명수'를 만들어서 소상공인과 소비자에게 혜택이 바로 가도록 했다.

군산은 그대로 머물러 있는 도시가 아닌 지난 시간들을 지키고 쌓아온 도시다. 비옥한 땅, 금강과 서해가 만나 많은 것이 풍요로웠던 곳, 그래서 늘 약탈의 위협이 도사리고 있던 곳. 군사적 요충지로서, 세곡을 모아 운반하는 조창으로서, 다양한 문물이 오가던 포구로서. 많은 문화와 사람을 받아들이고 품으며 지켜온 포용의 도시는 변화를 두려워하지 않고, 약탈자로부터 내 것을 지키기 위한 항거도 겁내지 않았다. 스스로의 힘으로 서서 새 성장을 일궈가고 있는 군산은 이제 또 다른 이야기를 수백 년 뒤에 전하기 위해 달리고 있다.

01 시간여행마을

반듯한 도로 위 다시 기억하는 역사

'평생'에는 세월이 스며 있다. 그래서 사람들은 "내 평생 이런 일은 처음이야."라는 누군가의 말을 흘려듣지 않는다. 어떤 이가 평생 처음으로 본 아름다운 풍경에 공감해주고, 평생 처음 겪는 슬픔을 위로해주고, 평생 처음 이룬 것을 축하해준다. 아기가 평생 처음으로 뗀 걸음마에 손뼉을 쳐주고, 평생 처음 말한 단어에 환호한다. 평생 처음 길을 잃은 십대 소년에게도 호의를 베푼다.

군산 원도심은 아파트 단지에서만 자란 소년에게 낯선 동네다. 사방으로 곧게 뻗은 도로가 방향감각을 상실하게 만드는 곳이다. 시골에서 신작로와 샛길을 걸어 다닌 어른들도 길을 잃고는 했다. 모퉁이를 돌면 또 이어지는 골목길 때문에 손바닥에 땀이 배었다. 정신을 바짝 차리고 걸었는데 어느새 해망굴 앞에 당도하고 말았다.

반듯한 도로 위 일본인 마을

군산 개항 이후, 영화동과 중앙로1가는 치외법권 지역인 각국 조계지로 정해졌다. 본디 그곳에 살던 우리나라 사람들은 쫓겨났다. 일본인들은 그 땅에 바둑판 모양의 격자형 도로부터 닦았다. 그런 다음에는 수탈을 공식적으로 뒷받침해줄 관공서를 짓고, 일본인들의 고급 주택이 들어서도록 상수도를 놓았다. 신식 물건을 파는 일본상점들도 들어섰다. 돈 되는 일이라면 모두 일본인들이 선점해 나갔다.

일본사람들이 자꾸 밀려들면서 군산은 더 분주해지고 활기에 넘치고 있었다. 인력거를 부르는 일본말이 이쪽저쪽에서 울려대고, 큰길이며 골목마다 게다짝 끌리는 소리들이 무슨 장단을 맞추듯이 이어지고, 크고 작은 집들을 지어대느라고 사방이 떠들썩한 공사판이었다.

조정래의 소설『아리랑』2권에 나오는 군산 모습이다. 농

1910년 원도심 모습 바둑판처럼 반듯하게 닦인 격자형 도로는 일본인이 터전을 잡으며 계획적으로 만든 도시의 모습이다. 군산진 자리에 일본 영사관을 두고 종으로는 1조통에서 9조통까지, 횡으로는 전주통(현재 영화동), 본정통(현재 해망로) 등의 일본 도시 가로명을 붙여 도시를 형성했다.

사짓던 땅을 빼앗기고 군산으로 모여든 사람들은 일본인 가정에서 식모살이를 하고, 정미소 옆 미선소에서 좁쌀과 돌을 골라내고, 펄에 돌벽을 쌓아 축대를 만드는 축항 공사를 하고, 군산역에서부터 해변까지 단선 철로를 놓고, 부두에서 짐을 날랐다. 크게 한탕을 노리는 사람들은 빚을 지고서도 미두(현물 없이 약속으로만 미곡을 거래하는 투기)를 했다. 으스대는 일본인들 밑에서 숨죽이고 사는 사람 중에는 독립운동에 힘을 보태는 이들도 많았다.

발길 끊긴 50년의 번화가

자국이 패망하자 일본인들은 떠났다. 일본 글자로 쓰인 상점 간판은 내려졌다. 마치 일본의 어느 도시인 것처럼 흔하게 들리던 일본어도 소멸했다. 일본인들이 설계해서 닦은 원도심의 도로와 건축물들은 부수지 않고 우리 것으로 썼다.

폭우가 쏟아져도 물이 쏙쏙 잘 빠져서 수해를 입지 않는 원도심은 해방 후에도 번화가였다. 군산시민들은 거의 원도심과 그 주변에서 물건을 샀다. 젊은이들은 맞선을 보고 영화를 보고 약혼 사진을 찍었다. 결혼식 폐백에 입을 한복을 맞추고 예복을 샀다. 원도심은 수학여행 가기 전날 학생들이 옷을 사러 오는 곳이었고, 대학 입시를 마친 후 통과의례처럼 들르는 나이트클럽도 있었다.

50여 년이 흐른 1990년대 중반, 흔들림 없던 원도심의 명성에도 틈이 생겼다. 메울 수 없는 커다란 구멍이 나고 말았다. 군산시청과 법원이 조촌동으로 옮겨갔고, 상권은 믿을 수 없을 만큼 빠르게 나운동으로 움직였다. 2000년대 지나서는 아파트로 떠날 수 없는 사람들만 원도심에 남았다. 형편 어려운 사람들만 단출한 짐을 싸 들고 이사 왔다.

원도심에 존재하는 집들도, 거주하는 사람들도, 빠르게

늙는 듯했다. '점포 임대'를 써 붙인 상점은 후줄근해 보였
고, 유리창이 깨진 빈집 마당에는 잡초가 무성했다. 못 쓰게
된 가전제품은 버려져서 며칠씩 길을 가로막았다. 골목 언
저리의 평상에 앉아서 사람 구경을 하는 어르신들은 지나는
사람들이 들을 수 있게 읊조렸다.

"이 동네는 인자 도둑도 안 들어. 가져갈 것이 없잖혀."

군산 시간여행의 시작

사람들의 발길이 끊긴 동네에 숨결을 불어넣은 건 여행이었
다. 군산시의원 강성옥 씨는 일제강점기의 아픔이 고스란히
남아 있는 원도심의 근대문화유산에 주목했다. 호남 최초
로 만세운동을 하고, 일본인 농장주들에 맞서 싸운 농민항
쟁 정신을 되살려 '근대문화축제'를 열자고 했다. "잘못했다
가는 친일파 됩니다."라고 주저하는 공무원들에게 미선공과
독립군 체험, 만세운동 재현 같은 형식을 제안했다. 마침내
2013년, '군산시간여행축제'가 열렸다.

성공적이었다는 자평은 괜한 말이 아니었다. "군산은 당
일치기면 볼 거 다 봐요, 잘 데도 없잖아요."라고 말하던 여
행자들은 축제 기간이 아닐 때도 원도심에 찾아왔다. 여행

자들의 추억은 인터넷으로 번져갔고, 군산은 매력적인 여행지라는 입소문이 났다. 부안이나 전주로 가다가 잠깐 들르던 곳에서 하룻밤 묵어가는 여행지가 됐다.

2014년에는 예능 TV 프로그램 '1박 2일' 군산 편이 방송에 나왔다. 집에서 텔레비전을 보던 군산시민들이 가장 놀랐다. "군산에 저런 데가 있었어? 우리도 가보자."는 말이 자연스럽게 나왔다. 사람들의 발자국 소리가 원도심을 활기차게 만들었다. 상점에는 손님이 늘고, 1930년대와 똑같은

시간여행축제 퍼레이드 시간여행축제는 근대문화유산을 소재로 한 창의적인 축제로 꼽히며 전국의 많은 관람객에게 사랑받고 있다. 슬픈 역사를 고스란히 안고 잊혀가던 원도심은 이 축제로 새로운 활력을 얻고 있다.

가로등이 거리에 세워졌다. 일관성 있게 디자인한 간판을 달자 '일본의 어느 동네' 같기도 했다.

신흥동 일본식 가옥, 동국사, 근대역사박물관, 옛 군산세관, 조선은행처럼 이름난 곳만 가던 여행자들이 원도심 격자형 도로의 골목길로 들어갔다. 여기저기 덧대고 고친 일본식 가옥들이 있었다. 욕조에 채전을 기르는 다정한 골목을 지나고, 도둑이 못 들게 담장 위에 유리병을 꽂아놓은 철통 보안 골목을 걷다가 멈췄다. 골목에 불을 켠 듯 환한 벚나무가 있었다. 가을에는 은행잎이 수북하게 떨어져 골목은 노란색으로 변했다.

신나게 놀며 되새기는 역사

군산시간여행축제는 한곳에 머무르지 않고 활개를 치며 노는 아이들 같았다. 원도심 전체를 축제의 장으로 활용했다. '각시탈 체험'을 하는 여행자들은 곳곳에 버티고 서 있는 왜놈 순사들을 무찌르면서 태극기를 완성해 나갔다. 연기에 몰입한 순사들은 실제 상황처럼 각시탈의 뒤를 쫓고, 길 가던 여행자들도 "대한독립만세"를 떼로 외쳤다. 노란 셔츠를 입은 어린이 독립군들은 순사의 눈을 피해서 정해진 장소에

몰래 잠입했다. 즐겁게 놀고 나면 장하다고 메달을 받았다.

한바탕 어울린 뒤에 갑자기 찾아오는 허기. 원도심에는 청년들이 새로 연 식당과 수십 년 전통을 가진 식당이 사이 좋게 어울려 있다. 푸짐하게 먹은 여행자들은 격자형의 도로를 정처 없이 걸어 다닌다. 그때 일본식 숙소인 여미랑의 맞은편으로 이끌려가는 여행자들이 있다. 100여 년 된 적산 가옥을 고쳐서 만든 '군산항쟁관'이다.

항쟁관 1층에는 임피장터 3·1운동, 옥구 소작쟁의, 군

군산항쟁관 2층의 작은 목조건물로 지어진 적산가옥을 고쳐 만든 군산항쟁관은 직선 형태의 일본식 가옥 특징이 그대로 드러난다. 이곳에서는 임피장터 3·1운동부터 옛 군산경찰서 앞 항쟁운동까지 군산 항쟁의 역사를 느낄 수 있다.

산경찰서 앞 항쟁 등이 기록되어 있다. 한쪽 벽에는 우리가 아는, 죽어서도 잊지 않을 독립운동가들의 흑백사진이 걸려 있다. 경사가 심한 항쟁관 2층은 어쩐지 불안해서 쭈뼛거리며 오른다. 나와 같은 사람들이 견고한 철창 속에서 고문당하고 있다. 모형일 뿐인데도 몸이 움츠러들고 고통이 느껴진다. 꾸며낸 이야기가 아니라 실제로 일어난 일이었으니까.

드넓은 들에 항구를 끼고 있는 도시, 그래서 더 철저하게 유린당하고 수탈당했던 곳. 군산은 고통스러운 역사를 꽁꽁 싸매놓지 않는다. 사람들을 불러 모아서 놀다가 무심코 속을 보여준다. 우리 민족은 일제에 맞서 계속 싸웠다는 걸 기억하자고, 다정하게 격자형 도로를 걸으면서도 잊지 말자고 약속한다.

02 옛 군산세관
대한제국과 일제강점기를 통과한 대한민국 세관

그들은 같은 시대, 같은 도시에 살았다. 모국어가 달라 쓰는 말은 서로 달랐다. 대화를 나눌 사이가 아니어서 한쪽에서만 명령을 내리고 윽박질렀다. 사는 동네도 달랐다. 한쪽 사람들은 도로가 잘 닦인 번화가에 살았고, 다른 한쪽 사람들은 말랭이라고 부르는 산비탈에 살았다.

벨기에에서 수입한 벽돌로 지은 신식 건축물과 청동기 시대의 움집 같은 토막집이 공존하는 도시였다. 야욕을 숨기지 않고 빼앗는 사람과 때로는 자식마저 지킬 수 없는 사람이 같은 하늘 아래서 숨 쉬던 시대였다. 한쪽 사람들에게는 스포트라이트 환한 최고의 시절이었고, 다른 한쪽에게는 끝나지 않을 것 같은 고통이 몰아치는 최악의 시절이었다.

애초에 없던 건물 소유권

1898년, 대한제국은 개항의 긍정적인 면을 내다봤다. 군산 항으로 들고나는 외국 선박에 관세를 매기면 나라 살림에 보탬이 될 거라 생각했다. 일본도 끊임없이 개항을 요구하고 있었다. 의정부 회의에 부쳐진 군산 개항 안건은 찬성 7표, 반대 3표였다. 중추원에서는 국가 재정을 고려해서 개항을 늦추자고 반대했지만 일은 그대로 진행됐다.

항구를 연 군산은 일본의 요코하마처럼 선진문물을 빨아들이지 못했다. 오히려 금강, 만경강, 동진강을 끼고 있는 평야가 빨려 나가 일본인들의 소유가 되어갔다. 일본에서 물건을 실은 화물선들이 무수히 몰려왔다. 군산에서 한몫 단단히 챙기고 싶은 일본 상인들은 항구가 좁다고 판단했다. 대한제국 정부에 대놓고 축항 공사를 요구했다. 맡겨놓은 돈을 찾으러 온 사람들처럼 거리낌이 없었다.

흔들리던 대한제국이 균형을 잃고 팍 기울던 때였다. 경제는 파탄 직전이고, 외채 상환 시기는 속절없이 다가왔다. 벌여놓은 부두 공사도 마무리 짓지 못한 참인데, 큰돈 드는 공사를 또 할 수 없는 노릇이었다. 군산에서 거상이 된 일본 상인들은 라포르트(E. Laporte)라는 프랑스 세관 책임자를 매수했다. 버틸 수 없던 대한제국은 거금 8만 6천 원을 투자하면서 군산세관 공사까지 떠안았다.

군산세관은 1908년에 준공됐다. 일생 들어본 적 없는 구라파(유럽)라는 곳에서 수입한 벽돌로 쌓아 올린 건물 지붕에는 도깨비 뿔 같은 뾰족한 탑이 세 개나 솟아 있었다. 일본인들이 떵떵거리는 곳이라서 우리나라 사람들은 구라파식으로 꾸며놓았다는 새 건물 안을 흘깃거리지 않았다. 그저 소달구지를 끌거나 인력거를 몰고 세관 앞을 지나야 해

군산시 제공

일제강점기의 군산세관 군산세관 건물 앞에 쌀가마가 가득 쌓여 있다. 왼쪽이 군산세관 본관 건물, 오른쪽이 부속 건물이다. 세관은 군산에서 많은 쌀을 실어 가던 일본 상인들의 요구로 지어졌다. 가져가던 쌀이 한 번에 실을 수 없는 양이라 세관 근처에 쌀 창고가 따로 있을 정도였다.

서 지나다닐 뿐이었다.

1910년, 순종은 '대한제국의 모든 통치권을 완전히 그리고 영원히 일본에 넘겨준다.'는 강제경술국치 조약을 맺었다. 머리를 자르라는 단발령이 내려졌을 때 주저앉아 가슴을 치며 울던 사람들은 이미 세상을 떠난 뒤였다. 땅을 빼앗기거나 소작권을 잃어서 군산까지 흘러들어온 사람들은 부두와 미선소에서 일하고 말랭이의 토막집으로 돌아갔다. 나라가 망했다고 오래 절규하지는 않았다. 상투가 싹둑 잘릴 무렵부터 존재하지 않던 나라였으니까.

국가지정문화재로 남은 수탈의 역사

1995년 8월 15일, 광복 50주년을 맞은 대한민국 정부는 조선총독본부 청사 철거를 시작했다. 우리 국민들은 환호했다. 일제강점기 시절의 흔적을 드러내놓고 없애는 시대가 온 거다. 살생부에 오른 전국의 건축물은 삭제 키를 누른 것처럼 지워졌다. 1928년에 일자형 2층 건물로 지은 옛 군산시청 건물도 이때 허물어졌다.

그러나 옛 군산세관은 살아남았다. 세관의 신청사를 완공한 1993년, 방길남 군산세관장이 건축물의 가치를 알아

보고 보존하려고 애를 쓴 덕분에 옛 군산세관은 전라북도 기념물 제87호로 지정되었다. 그때가 1994년이었다. 세상은 또 변했고, 수탈받은 우리 역사를 무조건 지우기보다 잊지 않고 기억하기 위해서 근대건축물을 되살리자는 의견도 흘러나왔다. 훼손되지 않고 남아 있는 건축물은 소중했다. 2018년 8월, 옛 군산세관은 국가지정문화재 사적 제545호로 승격되었다.

현재 옛 군산세관은 '호남 관세 전시관'으로 쓰이고 있다. 시대별 수입품과 수출품을 전시해놓았다. 꾸준한 속도로 전시관을 움직이던 사람들의 발걸음은 불법 품목을 볼 때 조금 더뎌지는 것도 같다. 몰래 들여온 의류와 지갑, 가방, 선글라스 앞에서 인간이 가진 욕망을 조금은 이해하려고 한다. 그러나 사무라이 칼 같은 무기와 발목에 차고 들어온 여러 개의 손목시계 앞에서는 '무사통과를 자신했을까?'라는 의문을 품는다.

사람들의 웃음이 동시에 터지는 곳은 '황금똥을 싸는 보따리상(2017년 1월 사건)'이다. 보따리상들은 중국에서 시가 3억 6천만 원 상당의 금괴 35개(7kg)를 항문과 몸속에 넣어서 입국하려고 했다. 당연히 들통났다. 타원형의 굵직한 금괴

군산세관의 현재 독일인이 설계하여 유럽 양식으로 지은 군산세관은 당시 벨기에에서 수입한 붉은 벽돌을 사용했다. 국가지정문화재 사적 제545호로 옛 서울역, 한국은행 본점과 함께 서양고전주의 3대 건축물로 꼽힌다.

수십 개는 냄새가 나지 않는 사진으로 전시를 대신하고 있다. "저거를 똥구멍에서 어떻게 빼낸 거야?" 아이들은 불법보다 인체의 신비에 더 관심이 많다.

옛 군산세관은 옛 서울역, 한국은행 본점과 같이 '우리나라에 남은 서양고전주의 3대 건축물'로 꼽힌다. 남는 건 사진밖에 없다는 철학을 가진 여행자들은 세관 앞에 몰려 있다. 대한제국과 일제강점기를 통과해 대한민국에 존재하는 세관을 오롯이 담으려고 한다. 그렇게 차례를 기다려 찍은 인증사진 속에는 100년 넘는 역사가 스며든다.

옛 관공서 거리의 출발점

현재의 해망로 일대는 일제강점기 때 본정통이라 불렸고, 군산세관은 본정통의 출발점이었다. 일본 거류민회, 우체국, 경찰서, 일본부청, 미곡검사소, 나가사키 18은행(일본인들에게 싼 값으로 돈을 빌려준 후 그 돈으로 우리나라 사람들에게 땅을 담보로 고리의 돈을 빌려주게 만든 은행), 조선은행 등이 몰려 있어서 '관공서의 거리'이기도 했다.

군산에 온 여행자들은 옛사람들이 다녔던 그 거리를 걷는다. 대개 근대역사박물관에 차를 대고 군산세관에서 조선은행 쪽으로 관람 방향을 정한다. 무역상사에서 다다미방이 있는 카페가 된 미즈커피를 지나 근대미술관이 된 18은행으로 간다. 기획 전시를 하는 작은 미술관이라서 사람들은 그리 오래 머물지 않는다.

관람을 끝내고 나서는 길, 이때 금고동으로 연결된 뒷문으로 나가야 한다. 길 끝에 꼭 만나야 할 사람들이 있다.

우리 군산시는 안중근 의사의 고향도, 의거 장소도, 순국 장소도 아니지만, 근대역사교육의 도시라는 역할을 다하기 위해 작은 공간이나마 안중근 의사의 희생정신과 대한독립에의 열망을 전하고자 이(뤼순감옥) 전시장을 조성하였습니다.

을사늑약의 원흉 이토 히로부미를 하얼빈역에서 저격한 안중근 의사, 먼 길을 돌아 하얼빈에 왔지만 하루 차이로 남편을 만나지 못한 안중근 의사의 아내 김아려 씨와 두 아들, 일제에 죽음을 구걸하지 않는 것이 효도라고 한 어머니 조마리아 여사의 사진 앞에서 코끝이 시큰하고 입이 마른다.

군산 본정통을 오가던 사람들과 만주, 하얼빈까지 오갔던 독립운동가들은 같은 시대를 살았다. 서로 다른 도시에서 어떻게든 살아남아 자식을 낳고 길러 지금의 우리가 되었다. 최고의 시민은 결코 자기 역사를 잊지 않는다.

눈비가 오지 않는 한, 옛 군산세관 앞은 인증 사진을 찍는 사람들로 붐빈다. 맘에 드는 사진을 찍은 사람들은 세관 뒤쪽으로 간다. 파란 지붕과 빨간 벽돌로 지어진 건물이 있다. 뭔가 아는 사람들은 그 안에 들어가서 고개를 젖힌다. 높은 천장을 받치고 있는 오래된 나무들이 그대로 보인다. 우리나라에서 가장 오래된 트러스 구조물인 이 건물은 밀수품을 보관하는 군산세관의 창고였다가 도시재생을 거쳐 인문학 카페 정담이 되었다. 카페 정담에서 꼬맹이들이 가장 먼저 손을 뻗어 만지는 것은 커다란 강아지 인형이다. 1900년대 초에 군산세관사로 부임했던 프랑스인 라포르트는 프렌치 불도그를 한 마리 데려왔다. 우리나라 사람들은 돼지코를 닮은 이국의 개를 먹성 좋게 생겼다며 '먹방이'로 불렀다. 인문학 카페 정담에는 먹방이 인형도 있고 먹방이 빵도 있다. 주말에는 테이블마다 사람들이 가득하다. 어른들은 넓은 계단 좌석에 앉아 책을 읽거나 스마트폰을 보고, 아이들은 놀이 삼아 계단을 오르내린다. 메뉴 중에는 고종이 즐겨 마셨다는 '황제 커피'가 있다. 인문학 카페답게 책이 많고, 강연과 공연도 자주 열린다. 그때마다 계단은 객석이 된다.

03 경암동 철길마을

동네 골목을 지나는 시속 10km 기차

군산에는 내리는 눈보다 조금 더 빠른 속도로 달리는 기차가 있었다. 기차의 속력은 겨우 시속 10km. 살림집 댓돌 아래로 다니는 기차는 우주 정거장을 날아다니는 '은하철도 999'만큼 비현실적이었다. KTX가 시속 300km를 자랑해도, 자기 속도를 잃지 않는 기차는 전국의 사진가들 마음에 스며들었다. 집과 집 사이를 지나는 기차 사진 덕분에 경암동 철길마을은 '한 번쯤 가보고 싶은 곳'으로 전국에 알려졌다.

철길 옆에 생긴 마을

기차는 1944년에 운행을 시작했다. 군산역과 '북선제지' 공장만을 오가는 2.5km짜리 전용선이었다. 군산역에서 북선제지 공장으로 실려 간 원목은 공장에서 신문지가 되어 다시 기차 화물칸에 실렸다. 군산역에 닿으면 또 다른 기차에 실려서 먼 곳으로 갔다.

그때 철길 주변은 논밭이었다. 방 한 칸 없는 사람들에게는 살만한 곳으로 보였다. 크고 작은 공장이 있고, 구암국민학교도 가까웠다. 누군가 국유지인 철길 옆으로 바짝 붙여서 오두막집을 지었다. 선로에서 1m 남짓 떨어져 지은 무허가 집들이 차츰 늘어났다. 1970년대에 이르자 사람들이 모여 사는 마을이 되었다.

기차는 군산역에서 공장에 도착하기까지 열한 개의 건널목을 지났다. 차단기가 없는 건널목도 있어서 느리게 다녔다. 시속 20km로 달린다는 마라톤 선수보다 절반이나 더딘 속도였다. 기차는 보통 하루에 두 번 운행했다. 오전 8시 30분~9시 30분과 오전 10시 30분~정오 사이. 마을 사람들은 "지그들 마음 내킬 때 다니드라고!" 하면서 철로를 아무 때나 건넜다. 그래서 안내문이 따로 붙었다.

위험! 선로 통행 금지!
선로로 무단통행하거나 철도용지를 무단출입하면 2년 이

하의 징역 또는 1천만 원 이하의 벌금이나 구류 또는 과료
에 처합니다. 군산역장.

하루 두 번 온 마을을 흔든 기차

철길 옆이라 해도 사람 사는 곳이었다. 국화나 철쭉처럼 화
사한 꽃을 심은 화분이 현관문 옆에 나란히 놓여 있었다. 장
항아리는 반질반질했고, 새하얀 아기 기저귀는 바람에 나부
꼈다. 볕을 받아서 고슬고슬해진 철로 위에 널어놓은 빨간
고추가 돋보였다. 김장철에는 바람벽에 솜씨 좋게 엮어서
시래기를 걸었고, 유리창 쇠창살에 생선을 한 마리씩 매달
아서 건조했다. 식구들이 들고 나는 댓돌 위에는 가지런하
게 벗어 놓은 신발이 있었다.

나는 몇 번이나 기차를 보러 갔다. 언제 올 줄 몰라 막연
하게 기다리고 있으면 바닥이 흔들렸다. 안전모를 쓰고 조
끼를 입고 깃발을 든 남자 두 명이 기차 앞머리에 매달려 있
었다. 그들은 재빠르게 내려서 기차보다 앞질러 달렸다. 철
로에 나와 있는 빨래 건조대를 접어서 치웠다. 고사리나 무
를 말리려고 내놓은 바구니를 걷어냈다. 기차가 다가오는데
도 선로에 앞발을 올리고 있던, 살림집에 매어진 개는 여전

히 짖고 있었다. "위험해요!" 소리를 듣고도 젊은이는 철로를 건너가 어느 집 문을 두드렸다. 기차가 거의 다가왔을 때야 문이 열리고 청년은 집 안으로 쑥 들어갔다. 누구도 다치지 않게, 수십 년간 수련하듯 다닌 기차는 절대 멈추지 않았다. 커다란 카메라를 든 사람들까지 한쪽으로 비키게 하면서 정해진 제 길을 갔다. 사진가들은 육중한 기차의 뒤태까지 촬영하고서야 자리를 떴다.

어느 날은 동네 아주머니가 불러서 철로 옆 집 안으로 들

마을을 지나는 기차 하루 두 번 지나는 기차를 보기 위해 많은 관광객이 마을을 찾았다. 멀리 기차가 보일 때부터 사진을 찍기 시작한 사람들은 코앞으로 다가왔을 때 잠깐 비켰다가 기차의 뒷모습을 촬영하고서야 자리를 떠났다.

어간 적이 있다. 살림집은 2층에 있어서 가파른 계단을 올라갔다. 대접해주는 커피를 마시려고 하는데 지진이 난 듯 찻잔이 흔들렸다. 공장으로 갔던 기차가 군산역으로 돌아가는 중이었다. 아주머니는 옛날 앨범을 꺼내왔다. 사진 속 젊은 아주머니는 햇볕 때문에 눈을 찡그린 딸아이 손을 잡고 있었다. 하루에 두 번씩, 흔들리는 집에서 자란 아이는 대도시에서 정착했다. 어버이날에 오지 않는 딸 생각이 나서, 아주머니는 나그네라도 집 안으로 들여 앨범을 열었다.

64년 만에 멈춘 기차

2008년 7월, 기차는 운행을 중단했다. 그러나 철길마을 사람들은 여전히 일상을 꾸려갔다. 집마다 빨갛고 커다란 '다라이'를 내놓았다. 고추나 상추 같은 푸성귀를 대놓고 길렀다. 식구들이 다 돌아온 밤에는 살림집 창문 사이로 흘러나오는 불빛이 평온해 보였다. 습습한 날에는 민달팽이들이 자신들만의 고유한 속도로 철로 위를 기어가고 있었다.

"비켜요! 위험해요!" 다급하게 말하는 소리가 사라진 철길마을은 여행자들의 발걸음으로 채워졌다. 드라마 '고맙습니다'와 영화 '남자가 사랑할 때'의 주인공들은 철길마을 선

철길마을에 조성된 추억의 거리 마을을 지나는 기차를 보기 위해 관광객이 늘면서 생활이 불편해진 사람들은 하나둘 철길마을을 떠났다. 그 후 마을에 모형 기차를 두어 옛 풍경을 재현했고, 주민들이 살던 마을에는 옛 문방구, 옛 교복 대여점 등의 가게가 들어서며 시간여행의 새로운 명소가 되었다.

로 위를 걸었다. 시청률이 높을수록 철길마을을 찾는 사람들은 늘었다. 오래된 일을 잘 기억하는 중장년들이 철로를 걸으며 "나 어렸을 때 있잖아"로 시작하는 무수한 이야기를 쏟았다. 커플티를 입은 젊은이들과 아기 손을 잡고 온 부부가 선로 위에서 사진을 찍었다.

대문이 따로 없는 철길마을의 집 앞으로 낯선 사람들이 지나다녔다. 사람들은 금방 갈고 쌓아둔 연탄재 앞에서 사진을 찍고, 기차 다닐 때는 어떻게 살았느냐고 물었다. 동네 사람들의 생활에는 실금이 가고 있었다. 결국 참다못한 원주민들은 짐을 쌌다.

사람들이 떠난 후 마을엔 특색을 가진 가게들이 들어섰다. 추억을 떠올리게 하는 옛날 물건을 파는 문방구가 생기고, 교복을 빌려주는 가게도 계속 늘어났다. 주말에는 점포 없는 젊은이들이 노점을 차려서 수공예품을 팔았다. 대학에서 영상을 전공한 홍지웅 씨는 철길마을에서 몇 년째 장사 중인 삼십 대 청년이다. 주말 TV 프로그램 '1박 2일'에 나오고부터 전국구 여행지가 됐다는 걸 실감했다고 한다.

가정의 달인 5월과 여름·겨울방학에는 가족 단위 여행자들이 온다. 옛날 교복을 입고, 달고나를 먹고, 쫀드기를 구워 먹고는 인증사진을 찍는다. 철길을 배경으로 포즈를 잡는 이들의 표정은 해맑다. 그래서 사진이 더 예쁘게 나온다. 참을성이 많은 사람들은 철길마을 끝에 있는 꼬마 기차에 오르려고 순서를 기다린다. 여행이 끝나고 추억을 곱씹을 인증사진 한 장이 또 남는다.

04 키티의상실

군산 패션을 이끄는 70대 디자이너

어떤 사람들은 군산에서 타임 슬립을 경험한다. 일제강점기 때 만들어진 해망동 수산물센터 사거리부터 경장동 팔마광장 오거리까지 2.6km 거리, 바로 군산 중앙로에서다. 군산 시민들은 옷을 사고, 영화를 보고, 신혼가구를 들이고, 파종할 씨앗을 사려면 중앙로로 향했다. 하지만 많은 사람이 수십 년간 드나들던 가게들은 서서히 사라져갔다. 딱 한 곳, 의상실 '키티'만 빼고 말이다.

최초로 파리에 간 디자이너

출입문을 기준으로 왼쪽에는 서 있는 마네킹이, 오른쪽에는 앉아 있는 마네킹이 세련된 옷을 입고 있다. 안으로 들어가면 더 다양하고 사랑스러운 옷이 눈에 들어온다. 경사가 약간 가파른 계단을 따라 2층으로 올라가면 수십 년 된 재봉틀과 고가구들이 보인다. 오동나무로 만든 오래된 가구들은 무수한 색과 질감을 가진 옷감들이 뽐는 분위기를 품위 있게 받쳐주고 있다.

키티는 '군산의 명동'으로 불리는 영동에서 옛날 군산역 쪽으로 걸음을 옮기다보면 보인다. 가난하던 시절에도 젊은이들은 멋진 옷을 입고 싶어 했고, 특별한 것을 먹고 싶어 했다. 키티가 들어서기 2년 전인 1967년, 영동의 제과점 '조화당'에서는 소프트아이스크림을 팔았다. 초콜릿 맛과 바닐라 맛 아이스크림을 손에 든 사람들은 설레는 걸음으로 중앙로를 거닐었다.

최초라는 말은 사람들에게 각인된다. 최초로 인도 공주 허황옥과 국제결혼을 한 가야의 김수로왕, 최초의 여자 왕인 신라의 선덕왕, 최초로 피겨스케이팅에서 올림픽 금메달을 딴 김연아 선수, 최초로 빌보드 차트 본상을 수상한 방탄소년단⋯⋯.

키티의상실의 유인덕 씨는 전라북도 여성 중 최초로 파리에 간 사람이다. 사실 그녀에게 파리는 달나라처럼 비현

실적인 곳이었다. 1983
년, 김포에서 알래스카를
경유해 파리에 도착한 순
간에도 믿기지 않았다. 시
차 같은 건 상관없었다.
잡지에서 봤던 패션쇼를
눈으로 직접 보는 기쁨이
컸다. 프렝탕백화점 옆 숍
에서 패턴(옷감을 재단하기
위해 종이로 만든 옷 본)을 샀
다. 꿈같지만 신나는 일이
었다.

키티의상실 주인 유인덕 씨 전라북도 여성
최초로 파리에 갔을 만큼 열정 많은 디자이너
는 지금도 키티의상실을 지키며 옷을 만들고
있다.

"움직이는 사람의 체형에 맞게 옷을 만드는 게 중요한데,
파리에서 산 패턴을 연구하면 기가 막혔어요. '서울도 아닌
지방 손님들에게 어필할 수 있을까?' 그게 걱정이었죠."

1969년에 문을 연 맞춤의상실

유인덕 씨는 해방둥이, 1945년에 태어났다. 바느질 솜씨가
뛰어난 어머니 덕분에 돋보이는 옷을 입으며 자랐다. 패션

에 대한 안목을 일상생활에서 꾸준히 길렀다. 그녀는 광주 '뉴스타일 학원'에서 양장 기술을 배운 후 의상 디자이너로 일했다. 군산에 온 때는 스물다섯 살, 결혼하면서였다. 남편이 나고 자란 중앙로에 키티의상실을 열었다. 1969년이었다.

가수 윤복희 씨가 미니스커트를 입고 보여준 파격은 군산 사람들도 잘 알고 있었다. 키티의상실 1층과 2층에도, 의상실 옆 샘다방에도 옷을 맞춰 입기 위해서 차례를 기다리는 사람들이 가득했다. 개정간호대학(현 군산간호대학)에 다니는 학생들이 특히 많았다. 큰아들을 낳은 유인덕 씨는 아기에게 젖 먹일 시간조차 없을 정도로 바빴다.

"옷은 시간을 들여서 해줘야 하잖아요. 비싸기도 하니까 오래 걸렸어요."

영광여중과 영광여고 학생들은 등하굣길에 키티 앞을 오갔다. 방과 후에 걸음을 멈추고 유리창 너머로 진열된 옷을 구경했다. 키티 안에서 치수를 재거나 옷을 고르는 사람들을 부러운 눈으로 봤다. "언젠가는 키티 옷을 입고 말 거야!" 아이의 간절한 소망을 흘려보낼 수 없던 어머니들은 고등학교 졸업을 앞둔 딸과 나란히 의상실에 왔다.

1980년대 들어서면서 패션은 급변했다. 공장에서 대량

생산된 기성복은 점령군처럼 맞춤옷들을 제압하고서 밀어 내 버렸다. 손꼽히던 의상실과 부티크를 운영하던 패션 디자이너들도 살 길을 고민했다. 결국은 큰 의류회사에서 일하는 디자이너로 변신했다.

유인덕 씨는 그 무렵부터 파리에 가서 패션쇼를 봤다. 패션과 관련한 모든 것이 방대한 곳이었다. 옷감만 따로 볼 수 있는 곳은 상상할 수 없을 정도로 넓었다. 그 안에서 길을 잃은 적도 있는 그녀는 샤넬, 디올, 발렌시아의 옷을 만드는 옷감에 특히 끌렸다. 셀 수 없이 많은 패턴과 옷감을 사가며 연구를 거듭했다. 해마다 어김없이 파리에 오는 유인덕 씨에게 그곳에서 패션 일을 하는 한국 사람들은 물었다.

"(지방 의상실 하면서) 뭐 하러 자주 와요? 10년에 한 번씩 와도 되겠네요."

그녀는 당당하게 답했다.

"패션의 선두주자는 지방 사람도 할 수 있잖아요."

디자이너가 머릿속 디자인을 옷으로 구현하기 위해, 옷을 조각조각 분해해 종이에 그려서 만드는 게 패턴이다. 옷의 품과 길이, 디테일이 모두 패턴에 담긴다. 옷의 세련미나 편안함도 패턴으로 결정 난다. 그래서 옷을 짓던 옛날 어른

진경석 제공

파리에서 사 온 패턴들 의상실 곳곳엔 유인덕 씨가 40년간 파리를 오가며 사 온 패턴들이 가득하다. 그녀는 세계 패션 시장의 흐름을 끊임없이 연구하고 도전해 유행을 타지 않고 세련된 키티만의 의상을 만들기로 소문이 났다.

들은 말했다. "한 올로 다툰다!" 미세한 차이가 생기면, 옷은 커지거나 작아졌다. 흔히 말하는 핏이 달라지거나 영 불편해지기도 했다. 움직이는 사람의 몸에 옷을 맞추는 일을 하는 디자이너는 항상 연구해야 했다.

"이 옷, 키티 거지?"

눈 밝은 사람들은 유인덕 씨가 만든 옷을 알아봤다. 유행에 상관없이 멋스럽게 입을 수 있는 키티 옷은 사람들 입에 오르내렸다. 자기 취향을 지키려는 사람들은 우후죽순 늘어난 기성복 가게를 지나 꼭 키티로 왔다. 지난여름에는 청주에 사는 육십 대 여성이 찾아왔다. 관절염으로 투병 중이지만 3시간 동안 차를 운전해 왔다고 했다. 가을에 입을 코트까지 맞춘 손님은 다음을 약속하고 돌아갔다.

여전히 공부 중인 일흔 살의 디자이너

키티는 기나긴 세월을 품고 있다. 올이 풀리지 말라고 박는 '오바르꾸 미싱'과 박음질할 때 쓰는 '메이드 인 코리아 미싱'은 수십 년째 건재하다. 40여 년 전에 유인덕 씨가 파리에서 사 온, 습자지 같은 얇은 종이 위에 옷을 설계해 놓은 패턴도 고스란히 남아 있다. 단골손님들의 패턴은 피크닉 바구니에 기분 좋게 모셔져 있다.

"패션은 사람을 사랑하는 일이에요. 열정이 있어야 계속 가는 거예요. 다른 사람한테 옷 입히는 걸 즐거워하면 오래 일할 수 있어요. 이렇게 근사하고 아름다운 옷을 군산 사람들이 알아줄까? 시간이 지나면서 알았죠. 충분히 알아주셨어요. 그게 너무 고마워요."

유인덕 씨는 그래서 더 생각했다. '나에게 딸이 있다면, 조카딸이 가까이에 산다면, 패션 디자이너 일을 권했을지도 몰라.' 돌아가신 친정어머니의 솜씨를 똑같이 물려받은 동생과 함께 일한 지도 10여 년. 그녀의 마음 한 부분에는 쓸쓸한 바람이 계속 드나드는 것 같았다.

뜻밖의 소식이 키티에 날아든 건 지난해 봄이다. 서울에 사는 정혜선 씨가 일주일에 이틀씩 꼬박꼬박 내려와서 옷 만드는 일을 배우고 있다. 대학에서 섬유공학을 전공했고, 국제복장원에서 1년간 장학생으로 공부했던 정혜선 씨는 공부하는 남편을 따라 미국에 갔다가 몇 년 전에 귀국했다. 젊을 때 좋아했던 일을 아이들이 자란 후 다시 시작한 그녀는 유인덕 씨의 며느리다.

키티의 현재 모습 50년이 넘는 시간 동안 한 자리를 지킨 키티는 현재 단골손님들에게 여전한 맞춤옷 가게이자, 며느리에겐 디자인 수업 교실이 되고 있다.

패션은 한발 앞서가야 하는 것, "이거 유행 지났잖아요." 는 치욕적인 말이다. 유인덕 씨는 다양한 분야의 책을 읽으면서 지금도 패션을 공부하고 있다. 그 모습을 고스란히 며느리에게 보여준다. '남의 호주머니에 있는 돈을 내 주머니로 옮겨오는 일은 참 힘들다'는 현실을 일깨우는 것도 잊지 않는다.

50년의 역사에 더하는 오늘

키티의상실 2층 실내에는 지금과 똑같이 짧은 커트 머리를 한 유인덕 씨의 사진이 걸려 있다. 파리 프렝탕백화점 앞에 서 있는 그녀는 삼십 대, 너무나도 젊다. 들여다보고 있으면 뜨거운 게 치받혀 온다. 젊은 날의 열정을 어떻게 반백 년간 유지할 수 있었을까. 오직 패션쇼를 보기 위해 12시간이 넘게 비행기를 탈 수 있을까.

"당신은 파리에 가야 해."

시대보다 앞선 생각으로 외조해준 남편은 지금 곁에 없다. 유인덕 씨를 묵직하게 붙잡아준 건 키티의상실이다. 그녀는 늘 새로운 옷을 만들며 버텼다. 남편을 먼저 떠나보낸 상실을 감내하기 위해 시를 썼고, 2018년 8월에는 〈창조문

예〉 시인으로 등단도 했다.

매일 아침 9시 반에 키티로 출근하는 칠십 대의 패션 디자이너. 스마트폰에 내려받은 패션 관련 앱을 들여다본다. 수백 가지 디자인을 보며 자신의 감각을 단련한다. 손님을 맞고, 패턴을 뜨고, 옷을 만들고, 차를 마신다. 정갈하게 관리한 오래된 소파에 앉아 다시 최신 패션쇼 사진이 가득한 잡지를 본다.

키티의 분위기는 영광중학교 학생들이 하교하는 오후 4시쯤에 바뀐다. 쉼 없이 웃고 떠들고 뛰는 십 대 아이들은 드리블 잘하는 선수들 같다. 의상실 앞을 지나는 버스와 자동차 소리를 제쳐버린다. 지난해에도, 5년 전에도, 50년 전에도 학생들의 활력은 키티에 그대로 스며들었다. 그래서 어떤 사람들은 키티의상실 앞에서 옛날로 돌아간 것 같은 기분을 만끽한다. 의상실 안에는 가장 반짝이던 시절의 나와 친구들이 기다리고 있다.

05 초원사진관

다시 추억하는 '8월의 크리스마스'

군산 월명동에 온 여행자들은 '있어' 보인다. 저축해놓은 시간과 돈을 넉넉하게 꺼내온 사람들 같다. 1시간 넘게 기다려서 팥빵을 사고는 또 짬뽕집으로 가서 길게 늘어선 줄의 맨 끝에 기꺼이 선다. 월명동에 온 여행자들은 대부분 동네를 크게 벗어나지 않고 하루 이틀을 머문다.

태어나 줄곧, 또는 수십 년간 군산에 산 사람들은 '군산시간여행축제'와 '군산야행' 때 월명동에 간다. 그들에게 월명동은 아이들 손을 잡고 나와 한바탕 노는 곳이다. 그런데 초원사진관이 보이면 조금 다른 감흥을 느낀다. 군산시민이라는 걸 잊고서 여행자들 틈새로 파고든다. 차례를 기다렸다가 사진을 찍는다.

촌 동네를 바꾼 영화 한 편

시간을 거꾸로 돌려서 20여 년 전으로 가보자. 영화 '8월의 크리스마스'는 군산에서 촬영했다. 시민들은 한석규와 심은하라는 당대 최고의 배우를 곳곳에서 목격할 수 있었다. SNS와 메신저도 없던 시절인데, 영화 찍는 소식이 실시간으로 전해졌다. 회사나 병원, 학교에서 마주치면 서로가 알고 있는 현장 이야기를 공유했다. 관심 없다는 사람들도 귀를 쫑긋 세우고 들었다.

"지금 서초등학교 앞에 한석규랑 심은하 둘 다 있대요."

"우리 딸이 버스 타고 오면서 봤다는디, 은파 주유소에서 한석규가 기름 넣고 있드라."

"심은하 탄 티코 지나갔어. 얼굴이 어째 그렇게 작냐?"

시민들은 수학여행을 앞둔 중학생들처럼 들떠 있었다. 일과를 마치면 집에 가지 않고 월명동으로 향했다. 무작정 사람들이 몰려 있는 곳으로 가보면 영화를 찍고 있었다. 퇴근하고는 고등학교 다니는 동생들의 저녁밥을 짓고 야간대학에 가던 스물여섯 살 최길림 씨의 삶도 그때 한번 흔들렸다. 태어나서 처음으로 수업 땡땡이를 치고 영화 찍는 데를 구경하러 다녔다.

개발의 손길이 미치지 않은 동네, 그래서 더 볼 것 없다고 지나쳤던 월명동 곳곳은 정원(한석규)과 다림(심은하)의 이야기가 깃든 특별한 곳이 되었다. 정원이 술 마시고 친구에게 "철구야, 나 곧 죽는다."라고 말하던 횟집 담벼락마저 시민들에게는 얘깃거리였다.

불치병에 걸리고서 사랑을 시작한 남자와 날마다 만나던 그 남자를 이유도 모른 채 볼 수 없게 된 여자의 이야기가 '8월의 크리스마스'다. 개봉한 지 15년이 지나서도 '다시 보고 싶은 명작' 1위에 뽑힌 영화이자, 디지털 리마스터링 버전으로 복원해서 재개봉한 영화기도 하다. 1998년 1월, '8월의 크리스마스'가 극장에서 상영되던 날, 영화를 보는 군산시민들은 마냥 해맑았다.

"이야! 나 저 식당 가봤잖아."

"봐라, 봐. 한석규가 오토바이 타고 법원 지날 때 나도 쩌 뒤에서 봤다니까는."

영화 속 사진관이 된 차고

'8월의 크리스마스' 제작진은 사진관을 찾기 위해 전국을 돌았다고 한다. 번번이 허탕을 친 그들이 군산 월명동까지 닿은 어느 날, 잠시 쉬러 카페에 들어갔다가 나무 그늘이 드리워진 차고를 봤다. 그야말로 완벽했다. 제작진은 주인에게 촬영이 끝난 후 원래대로 복원하겠다는 약속을 하고 차고를 헐었다. 세트장 느낌이 나지 않도록 진짜 사진관을 지었다. 어떤 사람들은 착각해 증명사진을 찍으러 들어오기도 했다.

가만있어도 땀이 날 정도로 더운 날, 주차단속원 다림은 처음 초원사진관에 왔다. 사진사인 정원은 지인의 장례식장에 다녀오던 참이었다. 다림은 정원에게 사진을 빨리 인화해달라고 했다. 장례식장에서 닥쳐올 자신의 죽음까지 그려보았을 시한부 정원은 만사가 귀찮은 듯 이따 오라고 말했다. 하지만 다림은 필름을 사진관에 두고 나갔다. 할 수 없이 인화 작업을 마친 정원은 플라타너스 옆에 서 있는 다림에게 하드를 건넸다.

"아까 저 때문에 화났었죠? 날씨도 덥고 아침부터 너무 힘들어서 그랬어요. 미안해요."

정원과 다림은 일로 만난 사이였지만, 날마다 보면서 가까워졌다. 두 사람은 사진관 안에서 숟가락으로 떠먹는 아이스크림을 먹고, 어느 밤에는 맥주를 마셨다. 놀이공원에 같이 다녀올 만큼 친해졌지만 마주 앉아 밥 한번 먹지 못했다. 삶을 정리해야만 하는 정원이 설핏 웃으면서 찍은 사진은 그대로 영정사진이 되었으니까.

끝나버린 주인공의 기억과 함께, 약속대로 초원사진관은 사라졌다. 사진관이 사라진 자리에는 영화 속 사진관을 기억하는 사람들의 추억만 남았다. 정원과의 시간을 혼자 추억하는 다림의 기억처럼.

다시 복원한 영화 속 명소

2013년 군산시는 초원사진관을 복원했다. 입구에는 정원의 오토바이가 있고, 귀퉁이에는 다림이 타던 주차단속 자동차가 있다. 사진관 안에는 영화에 나왔던 사진기와 선풍기, 앨범 등이 전시되어 있다. 작은 스튜디오도 있어서 거기 앉아 사진을 찍으면 관리인이 이메일로 보내주기도 한다.

벽 한 면은 영화 속 장면으로 꾸며놓았다. 정원이 다림에게 직접 하지 못한 말, "내 기억 속의 무수한 사진들처럼 사랑도 언젠가는 추억으로 그친다는 것을 알고 있었습니다. 하지만 당신만은 추억이 되질 않았습니다. 사랑을 간직한 채 떠날 수 있게 해준 당신께 고맙다는 말을 남깁니다." 글로 남은 정원의 말 앞에서 사람들은 한참을 가만히 서 있다.

초원사진관 영화 '8월의 크리스마스' 촬영지였던 사진관 건물 옆에는 여자 주인공이 타
고 다녔던 주차단속 차량까지 전시해 영화의 추억을 한층 더 풍성히 되살리고 있다. 원래
차고였던 것을 허물고 지은 사진관은 가끔 진짜로 착각해 손님이 찾아오기도 했다.

　"남자 주인공이 죽는대."

　이 영화의 스포일러는 자자하게 퍼져 있다. 그래도 군산
여행을 앞둔 여행자들은 '8월의 크리스마스'를 일부러 찾아
보고 온다. 정원이 너무 보고 싶어서 사진관 유리창에 돌을
던지는 다림의 마음을 알고, 아버지한테 비디오 작동법을
알려주다가 짜증이 치미는 정원의 마음을 이해한다. 혼자서
병원에 갔다 온 정원이 이불로 얼굴을 가리고 울던 밤을 생
각한다.

초원사진관 내부 모습 다시 복원한 초원사진관 내부의 한 벽면은 영화 '8월의 크리스마스'의 명장면과 명대사로 꾸며져 있다.

    '8월의 크리스마스'는 한여름의 무더위처럼 끈적거리지 않는다. 햇볕에 바짝 마른 빨래처럼 고슬고슬하다. 이 작은 사진관에 와서 영화를 음미하는 여행자만 해도 매년 수십만 명이다. "아저씨는 왜 나만 보면 웃어요?"라는 다림의 질문은 이내 초원사진관에 온 사람들에게로 향한다.

    당신은 누구를 보면 웃나요?

06 이성당

76년을 지켜온 우리나라 최초의 빵집

오래된 상점에는 이야기가 내려앉는다. 한밤중에 내리는 눈 같다. 눈송이 하나였던 이야기는 차곡차곡 힘을 더해 밤새 쌓이고, 비로소 설경이 되어 사람들의 입에 오르내린다. 그렇게 세월을 통과한 이야기는 하나둘 모여 이야기보따리로 변신한다. 사람들 입에 닿을수록 가속도가 붙는 이야기보따리는 눈덩이처럼 불어난다. 대대로 내려온 상점 이야기는 도시 바깥의 사람들에게 퍼져나간다.

이성당, 우리나라에서 가장 오래된 빵집. 전국에서 모여든 여행자들이 빵을 사려고 한두 시간씩 줄을 서기 전부터, 군산시민들에게 이성당은 특별했다. 이성당에 대한 추억이 없으면 이상할 정도로, 저마다의 이야기를 몇 가지씩 갖고 있다. 시청과 법원, 군산의료원과 함께 원도심에 있던 빵집. 시골에서 학교를 졸업하고 월명동의 한 사무실에 취직한 스무 살 젊은이는 출근할 때마다 빵 굽는 냄새에 매료됐다. 첫 월급을 타면 첫 번째로 들를 곳을 이성당으로 정했다. 봄이 오면 군산의료원 원무과에 근무하는 이십 대 초반의 직원들은 이성당에 주문 전화를 걸었다. 점심시간 직전에 배달된 샌드위치와 밀크셰이크를 들고 곧바로 월명공원으로 올라갔다. 날마다 소풍 온 것처럼 벚꽃 아래서 기분을 냈다. 입맛 잃은 여름에는 밥 대신 이성당 팥빙수를 먹는 사람도 있었다. 매 계절 군산 사람들의 일상이 머무르는 곳이었다.

이성당에 대한 오해

이성당은 3차선 도로를 사이에 두고 군산시청과 마주 보고 있었다. 나이 지긋한 시청 직원들은 출근 전에 이성당에서 여유 있게 조식세트를 먹었다. 아이들을 건사해서 어린이집에 보내고 출근하던 젊은 부부들은 일요일 아침, 늦잠을 포기한 채 큰맘을 먹고 서둘렀다. 동동거리며 보낸 지난 일주일을 이성당 조식세트를 먹으면서 잊었다.

채소스프, 곡물빵, 잼, 샌드위치, 양배추 샐러드, 우유,

커피가 쟁반에 담겨 나왔다. 서양 사람들의 아침밥 같은 구성이었다. 안 먹어본 사람은 있어도, 한 번만 먹어본 사람은 없다는 이성당 조식세트. 요즘도 평일에는 파리지앵처럼 잘 차려입은 노부부들이 조식을 주문하기도 한다. 그래서인가. 더러 생뚱맞은 이야기가 사람들 속으로 파고들었다.

"6·25전쟁 때도 이성당 조식을 먹는 사람들이 있었대."

"그랬겠네. 이건 완전히 옛날식이잖아."

이성당 조식세트 샌드위치와 샐러드, 스프, 커피 등 미국식 아침 식사를 떠올리게 하는 이성당 조식세트는 알찬 구성에 저렴한 가격, 빠지지 않는 맛으로 꾸준히 사랑받으며 군산시민과 여행자들의 아침 식사를 대신하고 있다.

떠도는 이야기보따리를 붙잡아서 바로잡고 싶다. 이성당 조식세트는 40년밖에 되지 않았다. 이성당의 출발에 비하면 짧은 역사다. 전라북도 체육대회를 앞둔 1980년대의 어느 해, 조성용 씨(현 이성당 김현주 대표의 남편, 대두식품 대표)가 든든하지만 색다른 조식세트를 개발한 것이 시작이었다. 당시 콩나물국밥 가격과 같은 2,500원이었다. 아메리카노가 추가된 건 2000년대 초반이었다.

이성당의 전신 '이즈모야 과자점'

군산 사람들은 100년도 더 전부터 서양식 과자와 빵의 존재를 목격했다. 온 거리를 압도하는 달콤한 냄새가 나는 과자점에는 잘 차려입은 일본인들이 드나들었다. 1907년에 이미 군산에는 일본인 과자상 21명이, 1909년에는 28명이 영업을 하고 있었다. 이성당의 전신인 '이즈모야 과자점'은 1910년에 문을 열었다. 시마네 현에 살다가 아들의 군 복무를 피하려 군산으로 이주한 히로세 야스타로가 주인이었다.

야스타로의 큰아들 켄이치는 도쿄에서 제과 · 제빵 기술을 배워서 군산으로 돌아왔다. 이즈모야 과자점에서 케이크와 단팥빵, 크림빵을 만들었다. 히로세의 둘째 아들 스케지로는 손재주를 타고 나서 유학을 가지 않고도 형 켄이치의 기술을 빠르게 흡수했다. 다양한 빵과 과자 기술을 익힌 둘째 아들은 분점을 내서 독립했다. 큰아들 켄이치는 이즈모야 과자점을 지금의 이성당 자리로 옮겼다. 1930년대에는 런치세트, 돈가스, 오므라이스와 커피까지 팔았다. 군산에서 떵떵거리고 사는 일본인들에게 이즈모야 과자점은 삶의 일부분이었다.

꽉 쥐고 있던 재물을 놓고 빈손이 되는 건 괴롭다. 일본이 패망하자 히로세 가문은 아무것도 챙기지 못하고 본국으로 돌아가야 했다. 그러나 켄이치는 이즈모야 과자점이 있는 군산에서 한 발자국도 움직이지 않았다. 여수까지 내려갔던 켄이치의 아내가 다시 군산으로 와서 남편을 설득했다. 켄이치는 결국 아내의 고향인 사가 현에 정착해 다시 제과점을 차렸다.

이성당의 시작

'이씨 성을 가진 사람이 만든 집'이라는 뜻을 가진 이성당(李盛堂)은 이석우 씨가 1945년에 문을 열었다. 당시 군산의 재력가였던 대동사이다 사장에게 설탕 살 돈을 빌려서 차린 과자점이 시작이었다. 3년 동안 성실하게 가게를 꾸린 이석우 씨는 적산가옥이던 이즈모야 과자점의 건물을 불하받아 이성당을 옮겨왔다. 전문적인 제빵기술사를 고용한 뒤로 빵집은 눈에 띄게 성장했다.

사람들은 끼니를 걱정하던 시절에도 밥만 먹고 살지 않았다. 큰아들 생일에 케이크를 사기 위해 며칠씩 내핍 생활을 했다. 미팅할 때는 버스비를 아낀 돈으로 팥빵과 우유를 사 먹었다. 결혼을 앞둔 큰딸은 동생들에게 크림빵과 롤케이크를 한 아름 사주었다. 이성당을 비롯한 조화당, 군산당, 황금당, 진미당, 태극당……. 군산의 이름난 빵집에서는 새벽 4시부터 밤 11시까지 빵을 굽고 손님을 맞았다.

하지만 시대 흐름은 거스를 수 없었다. 장강의 뒷 물결이 앞 물결을 밀어내듯이 프랜차이즈 빵집이 동네 빵집들을 잡아먹기 시작했다. 그 많던 군산의 빵집들이 문을 닫았다. 이성당도 마찬가지였다. 이석우 씨에서 이종사촌 조천형 씨, 그리고 그의 아내 오남례 씨로 이어 내려온 반백 년 역사의 빵집에도 파도가 쳤다. 시청과 법원, 상점들마저 떠나버린 원도심에 이성당은 덩그러니 홀로 남았다.

2003년, 김현주 씨는 시어머니 오남례 씨에게 이성당의

이성당의 옛 모습(위)과 현재 모습(아래) 건물 벽에 '이즈모야 본점(出雲屋本店)'이라는 간판을 걸고 1910년 문을 연 이즈모야 과자점은 화과자 전문점으로 시작해, 돈가스 등의 식사까지 팔며 성황을 누렸다. 이석우 씨가 같은 자리에 '이성당'을 차린 것은 해방 후인 1945년. 이성당만의 역사가 올해로 76년에 이른다.

경영을 물려받았다. 몇 년간 적자여도 빵 안에 들어가는 소의 양을 줄이지 않는 철학까지 대물림했다. 물가가 오른다고 덩달아 빵값을 올리지 않았다. 그래서 팥이 듬뿍 든 단팥빵은 한결같은 인기를 누렸다. 기름에 튀기지 않고 오븐에 구워낸 야채빵도 늘 손님들의 사랑을 받았다. 한입 베어 물면, 고소한 소스에 버무린 양배추와 여러 가지 채소가 아삭아삭 씹혔다. 예전의 맛을 기억하는 사람들이 '전통의 맛'을 그대로 살렸다며 발길을 이어갔다. 전통의 맛이 궁금한 새로운 걸음도 더해졌다.

빵은 밥이 아니다. 사람들은 밥만 먹지는 않았지만, 밀가루와 쌀을 분명히 구분하고는 했다. 김현주 대표는 식사를 대신할 수 있는 쌀빵에 관심을 두고 있었다. 수십 년간 연구를 거듭한 김현주, 조성용 씨 부부는 오랜 고민 끝에 길을 찾았다. 남편 조성용 씨가 일본 니가타 현에 있는 '겐리치 제과점'에서 쌀빵을 전수받아왔고, 이성당은 밀가루 대신 쌀가루를 써서 빵을 만들기 시작했다. 그때가 2006년이었다.

쌀빵은 밀가루빵보다 수분을 오래 유지한다. 오늘 산 쌀빵을 다음 날에 먹어도 촉촉함이 살아 있다. 식감도 더 쫄깃하고, 오븐에 구운 쌀빵은 밀가루빵보다 향도 더 구수하다.

국수나 밀가루 빵을 먹고 속이 더부룩해서 고생하는 사람들도 쌀빵을 먹으면 덜 부대낀다고도 했다. 이성당 최초의 쌀빵인 '블루빵'은 큰 인기를 누렸고, 이성당은 새로운 명성을 얻었다. 70년의 세월은 전통 고수만으로 지켜진 게 아니었다.

군산 여행의 필수코스

2013년 1월, 이성당은 KBS '백년의 가게'라는 TV 프로그램에 나왔다. 70여 년 동안 정성껏 재료를 손질하고 우직하게 백여 가지의 빵을 구워온 이야기는 사람들의 마음을 움직였다. 이성당 빵을 먹기 위해 군산에 오는 사람들이 달마다 신기록을 경신하며 늘었다. 원도심에는 노란색 이성당 빵 봉투를 들고 다니는 여행자들이 많아졌다. 뙤약볕이 내리쬐고, 눈보라가 몰아쳐도 여행자들은 단팥빵과 야채빵을 사려고 줄을 섰다.

군산 사람들은 인내심을 가진 여행자들에게 이성당의 손님 자격을 양보했다. 그래도 원도심에 나갔다가 단팥빵을 사려고 길게 선 사람들을 보고는 매번 신기함을 느꼈다. 진풍경이 따로 없다고 생각해서 사진을 찍어 SNS에 올리기도

했다. 군산에서 나고 자란 사람들은 너도나도 신이 나서 '이
성당 추억 배틀'에 댓글을 달았다.

　줄 서서 이성당 빵을 사는 것은 군산 여행의 일부가 되었
다. 여행 고수들은 이성당에 전화해서 미리 단팥빵을 주문
한다. 2016년 12월에 문을 연 신관에서 빵을 찾아 2층의 카
페로 올라간다. 오랜 시간 이성당과 함께한 군산시민들처럼
조식세트를 주문한다. 비 오면 비 오는 대로, 맑으면 맑은
대로 하늘이 다 보이는 창가 테이블로 간다. 어떤 날은 영국
의 마법학교 학생들이 앉을 것 같은 긴 테이블에 낯선 사람

이성당 단팥빵 매장에 들어서면 가득 쌓인 단팥빵이 가장 먼저 눈에 들어온다. 쫀득하
면서도 부드러운 빵에 꽉 찬 팥앙금이 매력인 이성당 단팥빵은 70년간 이성당을 지킨 대
표 메뉴이자 최고 인기 메뉴다.

들과 마주 앉는다. 수십 년이 지난 어느 아침에도 이성당에서는 "젊었을 때 먹은 맛이랑 똑같네."라는 이야기가 들릴 거다. 대대로 내려온 상점의 이야기보따리에는 세월의 더께가 앉지 않으니까.

07 신흥동 일본식 가옥

국가등록문화재가 된 적산가옥

집의 뼈대는 식구들이 둘러앉아 밥 먹는 소리를 들어야 흔들리지 않는다. 식구들이 벽에 기대거나 방바닥을 뒹굴며 스킨십을 해줘야 집안에는 윤기가 돈다. 활력을 얻은 집은 고단하고 지친 사람을 따뜻하게 품는다. 돌아오자마자 아무렇게나 옷을 벗어 던지고 고꾸라져도 눈치 주지 않는다.

그러나 집은 외로움에 약하다. 사람들의 발걸음이 뚝 끊어지면 뭐라도 끌어안고 싶어 한다. 먼지와 습기를 빨아들이고, 날아다니는 풀씨에 안방까지 내줘버린다. 서까래는 힘을 잃고, 구들을 뚫고 올라온 싹은 순식간에 자란다. 끄떡없을 것 같았던 지붕도 슬그머니 내려앉는다. 빈집이 쓰러지는 이유는 고독을 견디지 못하기 때문이다.

100년 전 세워진 일본식 가옥

1925년에 사용 승인을 받아서 건축물대장에 기록된 집. 20년 동안 거주했던 사람들이 떠나고도 짱짱하게 서 있던 집은 이름까지 가졌다. 신흥동 일본식 가옥. 옛 이름은 히로쓰 가옥이다. 100년 동안 쓰러지지 않고 버틴 집을 칭송하려던 마음은 주저하게 된다. 대한민국 군산에 있는 집인데, 왜 일본 사람 이름이 붙어 있었을까. 사연을 다 알기도 전에 우리는 일제강점기 시대를 떠올린다.

군산은 1899년에 항구의 문을 열었다. 그때 이미 군산에 살던 일본인은 77명, 가구 수는 20여 호였다. 그들이 노리는 건 쌀이었다. 조선 정부의 세금을 거둬들이던 군산창이 있었고, 소형기선이 다닐 수 있는 항구가 있기 때문에 쌀을 손쉽게 가져갈 수 있었다.

군산을 기록한 가장 오래된 사진에는 개항 이전의 모습이 담겨 있다. 군산세관과 조선은행이 지어지기 전부터 거기 존재했던 마을 '구영리'의 모습이다. 바다와 맞닿은 동네에는 둥그런 초가지붕이 모여 있다. 그사이로 삼각형 지붕을 이고 있는 집들이 보인다. 일본인이 사는 집이라는 뜻이다.

이전까지 군산 사람들은 처마와 지붕이 곡선인 집만 보

신흥동 일본식 가옥 당시 초가집의 둥근 지붕과 곡선 형태의 처마를 가졌던 우리나라 집들과 다르게 일본식 가옥은 전체적으로 직선 형태를 띠고 있어 한눈에 구분되었다.

고 살았다. 그러나 새로 연 군산항 근처, 영화동과 월명동 쪽으로 바둑판 모양의 도로가 닦인 후 들어선 집들은 직선이었다. 각이 진 처마와 지붕에 자꾸 눈길이 갔다. 집안을 들여다보고 싶어도 얇은 나무 창살로 촘촘히 가려 어두웠다.

　1900년 이후 군산은 '조선 속의 일본인 도시'였다. 군산과 주변 지역의 땅값은 일본 땅값의 10% 정도였지만 쌀 생산량은 4배가 넘었다. 일본인의 눈으로 본 군산은 황금알을 낳는 지역이었다. 그러니 조선인 땅을 싼값에 넘겨받거나 빼앗아서 지주가 되는 일본인, 쌀을 내세워 이득을 보는 일본인이 많이 사는 도시였다.

신흥동 일본식 가옥의 주인 히로쓰 게이샤브로는 포목점을 해서 돈을 벌었다. 군산부 협의회 의원이기도 했던 히로쓰는 자신이 군산에서 영원히 살 줄 알았다. 일본과 똑같은 집을, 풍토가 다른 우리 땅에 지었다. 덥고 습한 여름을 겨냥해서 짓는 섬나라의 집은 다다미(일본식 돗자리)를 깐다. 그런데 히로쓰는 조선인이 사는 집의 비밀을 알았던 모양이다. 특이하게도 일본식 가옥에 뜨끈뜨끈한 방바닥에 깡깡언 손을 녹이고, 허리와 등을 지질 수 있는 온돌방을 한 칸 들여놓았다. 지진에 대비한 벽장 오시이레를 뒀고, 방바닥에서 한 단 높인 장식장 도코노마를 만들었다. 습기를 덜기 위해서 방마다 환기와 인테리어를 겸한 고창(高窓)도 달았다.

신흥동 일본식 가옥의 내부 일본식 가옥의 특징대로 다다미를 깐 바닥에 벽장인 오시이레와 장식장인 도코노마가 보인다. 창문 역할을 하는 고창도 일본식 가옥의 특징 중 하나다.

집 안에서 바라본 정원 석탑, 조경수 등이 정갈하게 배치된 신흥동 일본식 가옥의 정원이 문살 사이로 그림처럼 보인다. 부를 과시하듯 꾸민 정물화 같은 정원을 평생 감상하리라 생각했던 히로쓰 일가는 해방과 동시에 집에서 쫓겨났다.

적의 재산에서 국가등록문화재로

사람들은 신흥동 일본식 가옥 정원을 천천히 걷는다. 돌과 나무, 꽃으로 가꾼 그림 같은 곳. 고추를 말리고, 빨래를 널고, 콩 타작을 하던 조선의 마당하고는 다른 정물화 같은 정원이다. 군산 인근에서 강제로 가져왔을 조선 석탑과 집을 지으며 새로 올렸을 일본식 석탑이 있는 정원에는 연못도 있었다.

다다미방에서 차를 마시며 잘 가꾼 정원을 감상했을 히로쓰네 식구들은 평생 살이의 계획을 접고 갑작스럽게 일본으로 돌아가야만 했다. 1945년 8월, 조선은 그토록 염원하던 해방을 맞았으니까.

조선 사람들이 원하지 않던 직선의 집. 일본인들이 떼메고 갈 수 없던 집을 미군정은 적의 재산, '적산가옥'이라고 칭했다. 주인을 찾지 못한 적산가옥들은 칙칙해져만 갔다. 만화 영화 '이웃집 토토로'에 나오는 검댕이 귀신 '마크로크로스케'만 득시글댈 것 같았다. 히로쓰 가의 적산가옥은 (구)호남제분 회장 일가가 입식 부엌과 욕실을 들여서 살았다. 2005년 국가등록문화재 제183호로 지정되면서 신흥동 일본식 가옥이라는 공식적인 이름을 얻었다.

'장군의 아들', '타짜' 등 여러 편의 영화 촬영 장소로 쓰인 신흥동 일본식 가옥은 여행자들이 찾는 핫플레이스가 되었다. 하루에도 수백 명의 사람들이 집 안 구석구석을 걸어 다녀서 붕괴를 걱정해야 할 지경에 다다랐다. 함부로 손댈 수 없는 등록문화재, 군산시는 규정을 바꿔 여행자들에게 정원을 둘러보는 것까지만 허용하기로 했다. '군산야행' 같은 특별한 행사 때만 일시적으로 집안까지 개방하고 있다. 히로쓰의 집에서 일하던 사람들이 살던 별채 앞과 수영장이 있던 뒷마당에서는 축제 때 공연이 열린다.

마음만 먹으면 언제든 걸어 다닐 수 있던 신흥동 일본식 가옥의 2층 복도도 이제는 바깥에서만 올려다본다. 눈 내린 다음 날, 덜컹거리는 창문 틈을 비집고 들어간 눈이 바람결에 1층 복도를 날아다니는 것도 바깥에서만 볼 수 있다. 뭔가를 좀 더 아는 여행자들은 신흥동 일본식 가옥 옆의 게스트하우스에 짐을 푼다. 가만가만 테라스 벤치에 앉아서 일본어와 조선말을 동시에 알아들었던 100년 된 집을 바라본다.

08 동국사

소녀상이 세워진 일본식 사찰

비밀을 퍼트린 주범은 대나무였다. 한겨울에도 곧고 푸른 대나무는 왕의 모자를 만드는 복두쟁이에게 말 못 할 고민을 들었다. 먼 훗날까지 군자의 인품을 닮았다고 칭송받게 될 대나무는 바람을 핑계 삼았다. 댓잎이 살랑거릴 때마다 숲에는 "임금님 귀는 당나귀 귀!" 소리가 울려퍼졌다. 1,200여 년 전, 신라 경문왕 때 일이었다.

대나무의 가벼운 언행을 곱씹는 사람은 없었다. 전쟁에서 적장의 심장을 겨누는 화살도, 살림할 때 쓰는 채반과 광주리도, 고기 잡는 어구도 대나무였다. 죽순으로 나물을 해 먹고, 댓잎으로 술을 빚고, 죽통으로는 향기로운 죽통밥과 아홉 번 구운 죽염을 만들었다. 피리, 대금, 통소 같은 악기를 만들 수도 있었다. 쓰임 많은 팔방미인 대나무는 숲을 이뤄 뒤꼍에서 절을 감싸기도 했다. 동국사의 대웅전과 요사채 뒤에도 100년 된 대나무 숲이 이름을 떨치고 있다.

철저하게 일본식으로 지은 절

우리나라에 남아 있는 유일한 일본식 사찰 동국사. 옛 주소와 이름은 '대일본 조선 전라북도 군산부 월명산 금강선사'였다. 1913년, 에도시대 건축양식에 따라서 지금의 자리에 지었다. 아무런 장식이 없는 처마와 대웅전은 흑백으로만 보였다. 지붕 가운데쯤 가장 높은 곳에 있는 용마루도 긴 자를 대고 그은 듯한 직선이다. 예불을 드리는 대웅전과 스님이 생활하는 요사채는 복도로 연결되어 있다.

일본인들은 법당에 서서 예불을 드린다. 대웅전에 들어가면 바로 시멘트 바닥이다. 창문이 많아서 외풍이 심한데도 조그만 화로에만 의지한 채 겨울을 지내던 일본인들은 군산에 살면서 의문을 품었을 거다. '조선 땅에서도 똑같이 춥게 지내야 할까?' 그래서인지 금강사의 주지 스님이 자는 요사채 방 한 칸에는 구들장을 놓았다.

대웅전에서 나와 마당에 서면 오른쪽 끄트머리에 범종각

동국사 대웅전 에도시대 건축양식이 그대로 드러나는 동국사의 원래 이름은 금강선사로, 우리나라에 현존하는 유일한 일본식 사찰이다. 동국사 대웅전은 국가등록문화재 제64호로 등록돼 있다.

이 보인다. 교토에서 만들어 보낸 범종은 우리나라 절에 있는 것보다 작다. 높이 매단 범종 아래쪽에는 항아리를 묻었다. 위에서 내려오는 종소리는 항아리 구멍에 닿아서 진동음을 만들어냈다. 절에서 30리(12km) 떨어진 마을까지 범종 소리가 퍼졌다. 일본인들은 금강선사에서 혼례를 올리고, 장례를 치렀다. 기생들이나 결혼한 여자들은 금강선사로 소풍을 왔다. 태평양전쟁에서 전사한 일본 군인들의 위패와 유골도 대웅전 뒤에 납골당을 만들어서 봉안했다.

용서를 구하는 마음, 참사문비와 소녀상

해방 후 금강선사라는 이름을 밀어낸 절은 '이제부터는 우리나라(海東國) 절이다!'라는 뜻의 '동국사'로 새 이름을 받았다. 1955년에 재단법인 불교전북교당 남곡 스님이 정식으로 등기를 냈다. 조계종 사찰 스님들과 남곡 스님은 김제 금산사에 봉안되어 있던 1650년대의 석가여래삼존불상을 동국사 대웅전으로 모셔왔다. "아픈 역사도 역사이니 보존해야 한다."면서 동국사에 정성을 들였다.

그러나 1960년대의 애국은 단호했다. 동국사 대웅전 뒤편 납골당에는 일본인들의 유골이 있었다. 사람들은 유골을

싹 다 거둬서 서해로 갔다. 대한해협 건너의 유가족에게 인계하자는 의견은 친일이었다. 동국사에는, 군산에는, 우리나라에는 흔적이 남지 않도록 유골을 수장시켰다. 그로부터 10여 년이 지나서까지 일본인 유족들은 띄엄띄엄 군산으로 찾아왔다. 동국사 마당의 흙이라도 한 줌씩 집어서 돌아갔다. 핏줄을 잃은 사람들의 일본어 통곡을 들은 동국사 뒤 대숲은 바람이 불어도 과묵했다.

일본 불교는 국가권력에 영합해 태평양 전쟁에 가담하고 수많은 아시아인들에게 인권침해, 문화 멸시, 일본 문화 강요 등 커다란 상처를 남긴 점을 참회하면서 사죄드린다.

일본어와 한국어로 된 참사문비가 동국사에 세워진 건 2012년이다. 대한민국에 유일하게 남은 일본식 사찰 동국사를 지원하는 모임 '동지회' 회장 이치노혜 쇼코(아오모리 현 조동종 운상사 주지) 스님이 참사문비를 주도하고, 일본 불교계에서 비용을 부담했다. 비석의 내용은 제막식으로부터 20년 전인 1992년 일본 조종동이 발표한 참사문을 바탕으로 했

참사문비 앞 소녀상 2015년 광복 70주년을 맞아 군산시민과 일본 조동종 스님이 함께 세운 동국사 평화의 소녀상 모습. 뒤로 보이는 검은 비석이 한글과 일본어로 된 참사문비다. 이 소녀상은 참사문비 앞에 선 것도 유일, 사찰에 세운 소녀상으로도 유일하다.

다. 일본 제국주의와 일제강점기 만행을 반성하고 참회하는 내용으로, 일본 정부는 외면하더라도 종교인들은 과거의 잘못을 인정하고 용서를 구했다.

참사문비 앞에는 위안부 할머니들을 기리는 평화의 소녀상이 있다. 광복 70주년을 맞던 2015년, 천여 명의 군산시민들이 성금을 모았다. 일본 조동종 스님들도 성금 1천만 원을 들고 찾아왔다. 앉아 있지 않고 서 있는 소녀상은 77개의 검은색 타일로 만든 연못에 물그림자를 드리우고 있다. 시커멓게 보이는 연못은 대한해협을 상징한다.

10년을 쏟아 모은 역사자료 1만 점

동국사의 대웅전은 국가등록문화재 제64호다. 대웅전의 석가여래삼존불상은 보물 제1718호다. 일주일 평균 50여 명의 일본 관광객과 건축학과 학생들이 찾아오던 절에는 일반 여행자들의 발길이 더 잦아졌다. 젊은 여행자들은 동국사 대웅전을 배경으로 찍은 사진을 확인하면서 "야, 우리 일본 왔다고 그러자!"라고 농담을 나누기도 한다.

2005년에 동국사 주지로 부임한 종걸 스님은 절에 대한 기록이 전혀 없는 것을 알고 일본 조동종으로 찾아갔다. 무수한 기록물 중에서 동국사의 건립 기록과 초창기 사진을 찾아냈다. 동국사로 돌아온 종걸 스님은 일제강점기의 쌀값 영수증 같은 것도 모두 모았다. 군산 관련 사진이 있다는 연락이 오면 곧바로 일본으로 날아갔다. 조동종의 이치노헤 쇼코 스님이 사절단을 꾸려서 동국사에 방문한 건 2011년이었다. 두 스님은 '대한역사연구소'를 설립하는 데 중심적인 역할을 했다.

법복을 입고 엄격하게 제를 치른 후 뱉은 종걸 스님의 첫 마디가 "그 사진 좀 꼭 갖다주세요. 꼭 필요해요."인 적도 있다. 40여 년 전에 한 불자의 장모님이 장항에서 군산 동국사까지 와서 결혼식을 올렸다고 했다. 그 얘기를 들은 종걸 스님은 "대웅전에서 부처님을 배경으로 찍은 결혼 기념사진을 빌려 달라. 스캔만 받고 바로 돌려주겠다."면서 어린아이들이 장난감을 사달라고 할 때처럼 절박한 태도를 보였다. 그렇게 10년간 모은 일제강점기 자료가 수천 점에 달했다.

"없어져야 하고 부숴버려야 할 절이지만, 이런 걸 알려야 한다는 의무와 책무가 있는 거잖아요. 여행자들에게 보여주고 역사의식도 심어주고, 장소가 없으니까 임시로 대웅전에서 여섯 번 전시를 했어요."

여행자들의 발걸음은 동국사 대웅전의 군산항 3차 축항 기념 쌀탑 사진 앞에서 멈추어 있었다. 우리 조상들의 피땀으로 쌓아 올린 쌀탑 앞에서 모두가 숙연해졌다. 바다와 들을 끼고 있어서 맛있는 음식도 많고, 이국적인 풍경이 고스란히 남아 있는 군산에서 놀던 여행자들은 동국사에서 우리 역사를 다시 생각했다.

2019년 6월, 대한역사연구소에서 소장하고 있는 1만 점

(이치노혜 쇼코 스님 1,500점, 종걸 스님 8,500점)의 자료를 전시할 '군산역사관'이 동국사 아랫길에 세워졌다. 독립운동가들의 유물과 어디에서도 공개된 적 없는 희귀 영상물을 전시한다. 지상 3층 규모지만 가진 자료에 비해 전시 공간이 좁아서 주제별로 300여 점씩 전시한다.

동국사 대나무 숲의 비밀

어느 토요일 오후, 칠십 대 어머니와 쉰 살을 앞둔 막내아들 부부가 종걸 스님을 찾아왔다. 대학병원의 의사는 그 불자 가족에게 "마음의 준비를 하세요."라고 말했다. 아버지와의 이별을 준비하라는 뜻이었다. 가족은 오래전에 돌아가신 할아버지의 묘를 옮길 날짜와 아버지의 장례식 염불에 대해 종걸 스님과 의논했다.

다 끝나가던 이야기는 사진 몇 장 때문에 확 불이 붙었다. 칠십 대의 어머니가 젊고 아름다웠던 때, 네댓 살 먹은 막내아들은 하루 백 번도 넘게 "엄마!"를 부르면서 졸졸 따라다녔다. 45년 전 초파일에는 엄마를 따라 동국사에 와서 탑돌이를 하고 연등 행사에 참여했다. 젊고 건강했던 아빠는 그 모습을 사진으로 찍어 남겨두었다. 그 추억을 전해 들

동국사 대나무 숲 동국사 뒤편에는 사찰의 100년 역사와 함께한 100년 된 대나무 숲이 있다. 작은 숲이지만 관광객에게 또 하나의 관광 명소로 소문나 있다.

은 종걸 스님의 눈이 반짝반짝 빛났다. 스님은 막내아들에게 물었다.

"전화번호 몇 번이요? 잘 됐어. 오늘 소득이 있네요. 사진 가져오면 스캔하고 깨끗하게 다시 돌려드릴게요."

동국사 뒤꼍에는 대나무 숲이 있다. 죽순이 크고 맛이 좋은 맹종죽이다. 수백, 수천 그루로 보이는 대나무의 뿌리는 모두 연결되어 있기 때문에 제때 솎아줘야 한다. 동국사의 잘 가꿔진 대숲 사이로 볕이 스미고 바람이 불어온다.

"종걸 스님은 동국사의 추억을 가진 불자가 오면 열렬하게 전화번호를 묻는다!"는 소문이 돌면, 그건 다 100년 된 대나무 때문이다.

09 근대역사박물관

매년 100만 명이 찾는 군산의 자랑

21세기의 '피리 부는 사나이'가 군산에 나타났다. 배가 볼록하고 팔다리가 짧은 아이들은 이히히 웃으며 피리 부는 사나이에게 달려갔다. 쭈뼛거리던 초등학생들도 뒤따랐다. 뜻밖에도 젊은 부모들은 피리 부는 사나이를 반겼다. 실컷 놀고도 "심심해."와 "나가서 놀자."만 반복하는 아이들을 작정하고 데려왔다. 아이들이 사나이를 따라 사라질 염려 따위도 하지 않았다. 신나게 논 아이들을 늘 안전하게 부모 품으로 돌아왔다.

군산 피리 부는 사나이의 정체는 박물관. 인구 30만 명이 채 안 되는 도시에 생긴 박물관은 시민들에게 주어진 행운 같았다.

군산의 과거 현재 미래

근대역사박물관은 2011년 9월에 처음 문을 열었다. 지하 1층, 지상 4층 규모의 근대역사박물관은 앞마당이 넓다. 차에서 내리면 얼굴이 바로 얼얼해지는 한겨울에도 아이들은 박물관 마당에서 투호 놀이를 했다. 겨울바람 속에 던져진 투호는 상점 앞에 세워놓은 풍선 인형처럼 흐느적거렸다. 바람을 가르는 투호는 항아리 근처까지 가지 못했다. 실망한 아이들은 붙박이 인력거에 올라탔다. 금방 기분이 좋아져서 환한 표정으로 자세를 잡았다. 따뜻한 박물관으로 들어가고 싶은 부모들은 재빨리 스마트폰으로 사진을 찍었다.

2012년 여름, 셀 수 없이 많은 아이들이 박물관 앞 바닥 분수로 돌진했다. 근대역사박물관은 주말마다 어린이날 행사를 치르는 것 같았다. 캐릭터 수영복을 입은 어린이들 사이로 훌쩍 큰 아이들도 눈에 띄었다. 외출복 차림 그대로였다. 부모들은 박물관 마당 곳곳에 그늘막 텐트를 쳤고, 박물관은 화장실을 개방했다. 아이들의 웃음소리 덕분에 근대역사박물관은 더 매력 있어 보였다. 여행자들도 군산에 오면 꼭 들르는 곳으로 이 박물관을 꼽았다.

건물에 들어서면 가장 먼저 보이는 1층 전시관은 해양물

근대역사박물관 2011년 처음 문을 연 근대역사박물관은 해양물류역사관, 어린이박물관, 근대생활관과 기획전시실 등 다양한 주제로 군산의 역사를 소개하고 있다. 또 사료를 전시하는 본관 외 다양한 문화 공연 시설과 문화 놀이 공간의 역할도 톡톡히 하고 있다.

류박물관이다. '국제무역항 군산의 과거 현재 미래'를 볼 수 있다. 군산은 삼한 시대부터 항구가 발달했다. 조선 시대 때는 호남평야의 세곡이 모이는 군산창이 있었고, 이를 보호하기 위해 군산진을 설치했다. 전시관에서 어른들의 발걸음은 더디다. 사람이 죽어서 묻힌 항아리 무덤, 침몰한 배에 실려 수백 년간 바닷속에 잠겨 있던 그릇, 장례 치를 때 혼백을 모시던 작은 가마 영여를 본다. 하지만 그 모든 게 깊이 느껴질 리 없는 아이들은 세금을 실어 나른 조운선에 올라서 시뮬레이션으로 배를 움직인다.

가까이 만나는 역사

관람객들이 가장 좋아하는 곳은 3층에 있는 근대생활관이다. 1930년대의 군산을 되살려 놓았다. 근대건축물을 비롯한 수탈의 현장, 끝내 저항하던 우리 조상들의 삶이 있다. 들어서면 군산 최고의 번화가부터 보인다. 지금의 영동이다. 일본인들은 행정구역상 영정이라고 했지만, 상가를 운영하는 사람 중에 개성상인이 많다고 우리는 송방골목이라고 불렀다.

그때 군산에는 중국사람 1,200여 명이 살고 있었다. 화교 왕흥신 씨는 상점 '흥풍행'에서 식료품과 잡화를 팔았다. 조선 팔도에서 최고 인기를 끌었던 경성고무의 만월표 고무신은 '형제고무신방'에서 살 수 있었다. 품질이 좋고 가격이 저렴한 군산의 쌀 덕분에 일본인들은 양조장을 운영하기도 했다.

인력차방에는 인력거가 세워져 있다. 관람객들은 검은 치마와 흰 저고리를 입고 인력거에 올라서 기념사진을 찍는다. 인력거꾼들은 대개 우리나라 사람이었지만 뒷면에 힘력

근대역사박물관 근대생활관 근대생활관은 학교, 쌀가게, 고무신가게 등 1930년대의 영동 거리 모습을 그대로 재현해 놓았다. 관람과 함께 다양한 체험을 할 수 있어 관람객에게 가장 인기 있는 전시관이다.

(力) 자가 쓰인 검은색 일본 옷을 입었다. 손님들은 인력거 꾼이 대기하고 있는 차방으로 전화를 하거나 사람을 시켜서 인력거를 호출했다. 인력거꾼들은 기차 시간에 맞춰 군산역으로 달려갔다.

미두장으로 부르는 미곡취인소에서는 탁본 체험을 할 수 있다. 1934년의 군산지도, 군산항 제3차 축항 공사 쌀탑, 벨기에산 벽돌로 지은 군산세관 등을 롤러로 밀어서 형체가 드러나게 그대로 떠낸다. 잘 고정되지 않는 얇은 종이 탓을 하며 두세 번 하는 사람도 있다. 아이들은 꼼꼼하게 시간을 들여 만든 탁본을 금방 귀찮아한다. 어느새 엄마나 아빠, 할아버지나 할머니가 탁본을 들고 뒤따른다.

열다섯 살 소년 시절에 '왜놈들'이 공출해갈 쌀을 옥구읍 수산리에서 군산항까지 지게로 져 날랐다는 어르신은 영명학교의 종을 치면서 말했다. "여그 학생들 전부가 독립꾼들이었느니라." 언젠가는 뜨겁게 영명학교의 역사를 기억할 꼬맹이들은 당장은 학교 종을 땡땡 쳐보는 데만 열중하고 있다.

근대생활관을 조망할 수 있는 영명학교 2층에는 교실 한 칸이 있다. 어르신들은 옛날 교실의 모형 앞에서 실제와 똑같다며 감탄한다. 책상 위에 고정된 주판으로 계산을 하다가 수십 년간 쓴 적 없는 일본어가 튀어나와서 당황한다. 칼을 찬 선생이 일본말로 수업하던 시절에도 아이들은 해맑았다. 지각하고, 장난치고, 누군가를 흠모하면서 혼자 얼굴이 빨개졌다. 공부 열심히 해서 반듯하고 훌륭한 사람이 돼라면서 부모들은 허리띠를 졸라매고 아이들을 학교에 보냈다. 교실 한쪽 벽에는 일제강점기를 버텨낸 사람들에게 고맙다고 쓴, 관람객들의 쪽지 수천 장이 빽빽하게 붙어 있다.

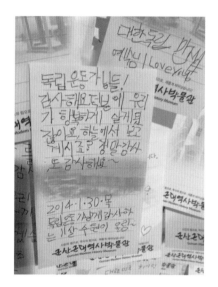

근대역사박물관 벽면의 감사 편지 근대생활관에 재현해 놓은 영명학교 교실 한쪽 벽면은 독립운동가에게 보내는 감사 편지로 가득 차 있다. 영명학교는 한강 이남 최초의 만세운동인 3·5운동의 출발점이 된 곳이다.

　영명학교에서 나온 관람객들은 부잔교로 간다. 탑처럼 쌓아 올린 우리 쌀 수백만 석을 시모노세키와 오사카로 보내던 일본인들이 군산항을 통하며 가장 아쉬워한 건 밀물과 썰물이었다. 갯벌이 드러나 배가 선착장에 닿을 수 없는 썰물 때도 한계 없이 쌀을 가져가고 싶었다. 그래서 대형 선박과 항구 사이를 자유롭게 오갈 수 있는 부잔교를 만들었다. 1926년부터 12년 동안 축항 공사를 해서 총 6기의 부잔교를 놓았다. 그 아픈 역사를 기억하기 위해 사람들은 부잔교 앞에서 쌀가마 지게를 진다.

진짜 박물관을 구경하는 법

근대역사박물관 출구에서 엘리베이터를 타지 않고 직진하면 특별 전시관이 보인다. 군산시민들이 박물관을 매번 새롭다고 느끼는 이유는 거기에 있다. 터키 문화전, 목포 오거리전, 근대산업의 거인들전, 독도전, 안중근 의사전, 파란 눈의 선교사가 전해준 선물전, 마음을 그려내다 석지 채용신전 같은 다양한 기획전시가 열리는 곳이다.

특별 전시관까지 구경을 마친 사람들이 또다시 승강기를 마다하고 계단으로 내려온다. 가슴이 뭉클해지는 3·1만세운동 벽화 앞에서 인증사진을 찍고는 독립영웅관으로 들어간다. 군산은 의병장 임병찬의 고향이자, 호남 최초의 만세운동과 전국 최대의 농민항쟁을 벌인 곳, 전라북도에서 두 번째로 많은 독립유공자를 배출한 곳이란 사실을 각인한다.

일요일 오후에는 2층에서 인형극 공연을 한다. 시간에 딱 맞춰 가면 자리가 없어서 식구들끼리도 떨어져 앉아야 한다. 박물관의 인형극 동아리 회원들이 군산의 역사와 인물로 극을 쓰고 인형을 만들어 공연한다. 극에 몰입한 어린이 관람객은 일본 제복을 입은 경찰에게 "잡아가지 마!"라고 울먹인 적도 있다.

인형극을 보고 나온 관람객들은 1층 로비를 내려다본다. 볕이 잘 드는 창가에 한 줄로 놓인 의자가 많다. 어른들만 앉아 있다. 전시관마다 마주쳤던 그 많던 어린이들은 어디로 갔을까? 궁금함을 안고 어청도 등대 쪽으로 내려온다. 위에서 볼 때는 보이지 않았던 공간에 어린이들이 몰려 있다. 군산의 각종 근대건축물을 색칠하고 있다. 한 곳에서 노는 걸 싫어하는 어린이들은 이내 어린이관으로 간다. 뛰고 구르고 디지털 물고기를 잡고는 오밀조밀하게 논다.

그리 오래전 이야기가 아니다. 군산 사람들은 날을 잡아서 대도시나 이웃 도시의 박물관에 갔다. 하나라도 더 보고 듣고 알게 하려고 아이들을 다그쳤다. 군산시민들도 이제 일상 속에서 드나드는 박물관이 있다. '역사는 미래가 된다'는 이 박물관에 찾아오는 관람객은 1년에 100만여 명에 이른다. 군산의 역사를 그대로 담은 근대역사박물관은 군산의 자랑으로, 또 하나의 역사를 차곡차곡 쌓고 있다.

10 이영춘 가옥

한국의 슈바이처, 국내 1호 의학박사의 꿈

수령이 많은 은행나무에는 힘이 있다. 널찍하고 반듯한 길도, 사람들과 어울려 살아온 집도, 크고 아름다운 은행나무 앞에서는 머리를 조아리며 작아진다. 나무를 돋보이게 하려고 기꺼이 배경이 되고 만다. 그래서 잘생긴 은행나무가 있는 동네에는 '은행나무집'이나 '은행나무길'이 존재한다.

군산간호대학교 안 동산에는 몸집이 크고 우아한 은행나무가 있다. 가을마다 은행잎은 마당과 학교 주차장 한쪽을 샛노랗게 덮어버린다. 박력 있어 보이는 이 은행나무는 사실 상대를 압도하려는 힘을 억누르고 있다. 덕분에 은행나무와 마당을 같이 쓰는 집은 확실하게 자기 이름을 지키고 있다. 사람들은 그 집을 이영춘 가옥이라고 부른다.

일본인의 호화 별장

서양식, 일본식에 한국식 온돌방까지 있는 이영춘 가옥은 살림집이 아니었다. 이 집의 원주인은 구마모토 리헤이. 1920년대에 그가 지은 별장이었다. 당시 일본인들은 우리나라 농민에게 높은 이자의 돈을 빌려주고 못 갚으면 땅을 빼앗았다. 도쿄에 사는 구마모토도 다르지 않았다. 그가 군산과 정읍에 가진 땅을 합치면 지금의 여의도보다 10배쯤 더 많았다. 가을이 되면 구마모토는 농장에서 수확한 쌀을 거두러 군산에 왔다. 그때 머물기 위한 집을 지은 것인데, 조선총독부 관저와 맞먹는 건축비를 들였다고 한다.

집의 기초가 되는 기단은 호박돌(직경이 20~30cm쯤 되는 둥근 돌)로 쌓았다. 백두산에서 가져왔다는 낙엽송으로 덧댄 벽은 유럽 동화에 나오는 통나무집 같은 느낌을 준다. 지붕의 형태는 책을 반으로 갈라 세우면 만들어지는 'ㅅ' 자, 박공지붕이다. 그 위에 얇고 넓적하게 쪼갠 검은빛의 점판암(천연 슬레이트)을 기와로 올렸다.

집은 마치 천년 묵은 여우처럼 보인다. 결코 늙지도 무너지지도 않을 것 같다. 빈틈을 보여주지 않는 것은 집 안도 마찬가지. 유럽에서 수입해서 깐 100년 전 현관 타일은 여

이영춘 가옥 이영춘 가옥은 도쿄에 사는 구마모토 리헤이가 약탈한 군산 쌀을 거두러 올 때 묵었던 별장이다. 당시 조선총독부 관저와 맞먹는 건축비를 들여 지었다고 알려져 있다.

이영춘 가옥 내부 화려한 샹들리에와 헤링본 스타일 티크 나무 바닥, 세련된 붙박이식 책장까지. 서양식으로 꾸민 이영춘 가옥의 응접실은 100년 전 모습 그대로를 간직하고 있다.

전히 건재하다. 신발을 신을 때 앉는 현관 의자에서도 세련 미가 느껴진다. 천장에 매달려 있는 샹들리에는 일부러 꼿 꼿하게 걷는 어르신처럼 형형하게 빛을 비춘다. 응접실 마 룻바닥은 시간을 초월한 트렌드인 헤링본(45도로 그어진 사선) 스타일로 티크 나무를 끼워 맞췄다. 응접실 끝에는 서양식 벽난로가 있고, 구마모토가 유럽에서 사 왔다는 그림이 걸 려있다. 집과 잘 어울리는 의자와 테이블은 고종 황제 일가 가 쓰던 거라고 한다. 모두 구마모토가 가져다놓은 것이다.

다다미방, 온돌방, 서재, 거실, 부엌, 욕실, 화장실이 있 는 집은 좁고 긴 일본식 복도를 통해서 다 이어진다. 관람객 이 없는 평일 오후, 다다미방에 쪼그려 앉아서 정원을 바라 본다. 구마모토도 고창을 달아놓은 다다미방에서 정물 같은 바깥 풍경을 즐겼을 것이다. 추운 겨울에는 미닫이문을 활 짝 열지 않고도, 문의 일부분을 들어 올리면 바깥이 보인다.

구마모토는 병원비가 없어서 수의사한테 진료받는 소작 농들을 보았다. 사람의 노동력에만 기대야 했던 시대, 소작 농이 아프면 구마모토도 어찌 됐든 손해를 봤다. 그의 농장 에서 일하는 소작농만 3천여 명, 그 가족까지 합하면 2만 명 이 넘었고, 농장을 관리하는 사무원도 50여 명에 달했다. 구마모토는 소작농들을 위해 자혜진료소를 세웠다. 그곳에 의사로 부임한 사람이 이영춘 박사였다.

군산으로 온 국내 1호 의학박사

"농촌위생연구소만 설립해주시오."

구마모토에게 단 한 가지만을 요구한 이영춘은 평안남도 용강 사람이었다. 농촌 사정을 잘 아는 이영춘은 농촌의 위생 환경이 바뀌지 않으면 병을 아무리 정성껏 치료해도 소용없다고 생각했다. 근본적인 조치를 취해야 한다는 것이었다. 이영춘은 세브란스 의학전문학교에서 공부한 국내 의학박사 1호였다. 국산 의학박사의 탄생은 신문 1면에도 실릴 만큼 굉장한 사건이었다고 한다.

1935년, 서른세 살에 자혜진료소 소장으로 부임한 이영춘 박사는 한 달에 10일은 진료소에서 무료 진료를 했다. 나머지 20일은 자전거를 타고 김제나 정읍까지 왕진을 다녔다. 영양실조와 비위생적인 생활로 고통받는 소작농을 헤아릴 수 없이 만났다. 이영춘 박사는 치료를 끝내고도 발길이 떨어지지 않는 사정 딱한 소작농들에게 쌀을 주기도 했다. 아기를 낳은 집에는 쌀과 미역을 대줬다. 당시에 최고 대접을 받았던 은행원들의 월급이 약 50원, 이영춘 박사는 그 세 배를 받았지만 항상 가난할 수밖에 없었다.

1939년, "질병은 치료하는 것보다 예방하는 것이 최선책이다."라고 줄곧 이야기해온 이영춘 박사는 개정초등학교에 위생실을 따로 마련했다. 우리나라 양호 교사 제도의 효시였다. 대야초등학교와 화호초등학교에도 위생실을 지어서 아이들의 건강을 관리했다.

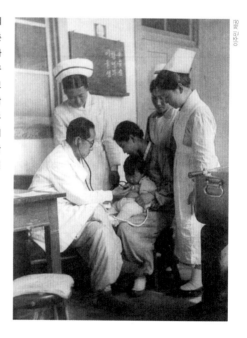

이영춘 박사 국내 의학박사 1호인 이영춘 박사가 아이를 진료하고 있다. 농촌위생연구소를 설립하고 의료보험의 효시인 의료조합 사업을 실시하는 등 우리나라 의료 발전에 지대한 공을 세운 그는 한국의 슈바이처로 불린다.

구마모토는 이영춘 박사가 간절하게 원한 농촌위생연구소를 지어주지 못했다. 일제는 패망했고, 구마모토는 소유했던 단 한 평의 땅도 가져갈 수 없었다. 이 땅에서 군림하던 일본인들이 싹 돌아가자 의사라는 직업은 귀해졌다.

시대는 빠르게 바뀌었다. 바닥을 떼굴떼굴 구를 만큼 배가 아프면 굿부터 하던 사람들도 맹장이 터졌다며 환자를 손수레에 태워서 병원으로 데려왔다. 개원한 의사들은 큰돈을 벌었다. 그러나 이영춘 박사는 농촌 의료를 위해 태어난 사람 같았다. 1948년에 그토록 바라던 농촌위생연구소를 세웠다. 농촌에 퍼져 있는 결핵, 매독, 기생충을 3대 독으로 규정하고 예방하는 데 힘썼다. 1951년에는 지금의 군산간호대학교인 '개정간호고등기술학교'의 문을 열었다.

한국의 슈바이처를 기리는 집

해방을 맞은 뒤로 이영춘 박사는 구마모토의 별장에서 살았다. 그간 나눈 덕으로 평안해야 할 이영춘 박사의 집에는 하늘이 내려앉는 것 같은 큰일이 몇 번이나 닥쳐왔다. 첫 아내를 병으로 먼저 보낸 이영춘 박사는 1949년에 두 번째 아내와도 사별했다. 왜 식구들을 먼저 돌보지 못했을까 자책하면서도 그는 병을 예방하고 치료하는 일에 전념했다. 군산 개정이 친정인 1934년생 어르신의 기억에 이영춘 박사의 가족들이 남아 있다.

"동네 사람들은 이영춘 박사를 어른으로 우러렀지. 그런디 박사님네 집 식구들은 폐가 안 좋았어. 옛날에는 폐병을 겁나게 무서워들 했어. 박사님네 딸 이름이 계월인가, 계림인가. 이뻤거든. 우리 아버지가 놀지 말라고 했어. 옮을까봐 그랬지. 다 잊어버린 줄 알았는디, 이 집에서 놀던 기억이 나네."

1980년 11월, 한국의 슈바이처, 예방의학의 선구자, 공중보건의 개척자, 우리나라 의료보험의 효시인 '의료조합사업'을 시행한 이영춘 박사는 돌아가셨다. 그의 이름이 잊히거나 희미해지지 않도록 이영춘 가옥은 충견처럼 우직하게 그 자리에 서 있다. 안팎으로 허물어지지 않고 원형을 최대한 지켜나갔다. 2003년에는 전라북도 유형 문화재 제200호로 지정되면서 본디 모습을 더욱 잘 지킬 수 있게 됐다. 마당에 뿌리내린 아름드리 은행나무는 존경심을 품고서 이영춘 가옥을 지켰다.

온갖 사치를 담아 집을 지은 것은 일본인이지만, 우리 농민의 땅을 빼앗아 배를 불리던 구마모토를 기리는 사람은 없다. 수탈로 집을 지킨 20여 년의 시간보다, 마음으로 사람을 위하고 사랑을 나누던 우리나라 의사가 지킨 35년의 시간을 이 집의 진짜 가치로 여긴다. 그래서 우리는 이곳을 당당하게 이영춘 가옥이라고 부른다.

11 군산 3·1운동 100주년 기념관

한강 이남 최초의 만세운동

군산 구암동의 옛 이름은 궁멀이다. 야트막한 동네 위에 솟아 있는 궁멀 동산에 서면 유유히 흐르는 금강이 보였다. 옆구리에서는 충적평야가 궁멀 동산을 받쳐주고 있었다. 자연은 궁멀 사람들에게 곁을 내주었다. 고만고만한 형편을 가진 사람들은 땅과 강과 갯벌에 기대 살았다. 육로보다는 뱃길이 편한 동네이기도 했다.

1893년, 미국 남장로교에서 파송된 선교사들이 궁멀 동산에 구암교회를 세웠다. 그로부터 10년 뒤에는 미국 선교사 전킨(Junckin. W. M. 전위렴)이 영명학교를 세웠다. 차근차근 소학교와 중학교를 분리하고, 특별과와 고등과를 신설했다. 현대식 3층 건물로 지어진 영명학교는 기숙사를 운영했다. 나라 사랑은 영명학교 학생들의 뿌리였다. 그것은 곧 항일이었다.

한강 이남 최초 만세운동의 시작

1919년 3월 1일. 민족대표 33인은 서울 종로의 태화관에서 독립선언서를 낭독했다. 소식을 실시간으로 전하는 스마트폰 같은 게 존재하지 않던 시대였다. 전화소가 있었지만 서울 인천에 정해진 몇 곳뿐이었고 모든 내용을 감찰하기도 했다. 믿을 구석은 '발 없는 말이 천 리 간다'는 속담뿐이었다. 하지만 말을 옮기는 것도 마땅히 사람이 해야 할 일, 이 땅의 주인 노릇을 하는 일본인들의 감시부터 피해야 했다.

군산 영명학교를 졸업하고 서울에서 세브란스 의전에 다니던 김병수. 그는 1919년 2월 26일에 민족대표 33인 중 한 명인 이갑성에게 독립선언서 200여 매를 전달받았다. 김병수는 이틀 만에 군산으로 내려왔고, 영명학교의 스승인 박연세와 이두열에게 독립선언서를 전달했다.

만세운동의 계획은 넓고 촘촘하게 세웠다. 영명학교의 교직원, 전교생, 구암교회의 신자들과 일반 시민들, 구암병원 직원들까지 모두 참가해야 성공할 수 있을 것 같았다. 사

영명학교의 옛 모습 1903년 미국인 선교사 전킨이 세운 영명학교는 3·5만세운동의 역사가 쓰인 곳이다. 영명학교의 교사와 학생, 시민들은 영명학교 기숙사에서 독립선언서 3,500매를 복사하고 태극기 수백 장을 그려 만세운동을 준비했다.

람들은 영명학교 기숙사에서 비밀리에 독립선언서 3,500매를 복사했다. 태극기 수백 장을 일일이 그렸다. 3월 6일 설애장(경장시장)날에 만세 시위를 벌이기로 했다.

뜻대로 되지 않는 게 인생이다. 3월 4일 새벽, 일본인 무장경찰 수십 명은 궁멀 동산의 영명학교를 덮쳤다. 주동자라면서 이두열, 박연세, 송정헌, 고석주, 김수영 등을 끌고 갔다. 잡혀가지 않은 교사와 학생들은 총칼을 든 일본인 경찰들에게 맞섰다. 바로 그날, 첫 만세운동의 불씨를 붙였다.

하룻밤 사이에 사람들 가슴에는 횃불이 타올랐다. 그게 한강 이남 최초의 3·5만세운동이었다.

영명학교 학생들은 본정통(군산 세관에서 조선은행 군산지점까지 이르는 중심가. 현재 해망로 일대)에 모여드는 사람들에게 준비한 태극기와 독립선언서를 나눠주었다. 궁멀 동산의 멜본딘 여학교 교사와 학생, 구암병원의 직원, 구암교회 교인들 100여 명으로 시작한 시위는 홍수에 개울물이 불어나듯이 순식간에 500여 명으로 늘었다.

"학상덜이 앞장 스고 부두 지꾼덜이 따라나섰는디, 그 기세가 아조 무섭드만이라. 왜놈덜이 살짝만 건디려도 확 불이 붙을 기세든디요."

1919년 3월 5일의 상황은 조정래의 소설 『아리랑』 6권에 이렇게 쓰였다. 일본인들이 일컫는 이 땅, '대일본 조선 전라북도 군산부' 한복판에서 외치는 만세 소리는 째보선창을 지나 군산역으로 울려 퍼졌다. 사람들은 목이 쉬도록 "대한독립만세!"를 불렀다. 시위 대열 속에는 일본인들에게 땅을 빼앗기고 군산 항구에서 짐을 나르거나 철도를 놓는 사람들도 있었다. 동학군이었던 남편이 세상을 떠나자 먹고살기 위해 새끼들을 데리고 군산에 온 사람들도 있었다.

전주, 강경, 이리, 김제까지 불붙은 군산의 만세운동은 2개월 동안 지속됐다. 군산 사람들은 일본식 건물이 즐비한 거리에서 "대한독립만세!"를 외쳤다. 총 28회, 31,500여 명이 참가한 만세운동으로 53명이 사망했다. 195명이 감옥에 갇히고, 72명이 부상을 입었다. 그때 군산에 살던 우리나라 사람은 6,581명, 일본인은 우리보다 228명 많은 6,809명이었다.

다시 세운 학교

군산 궁멀의 현재 이름은 구암동. 한강 이남 최초로 만세운동을 했던 역사적인 구암 동산은 세풍아파트 단지와 이웃하고 있다. 군산시는 그 길에 수탈당한 역사와 끈질긴 항쟁을 담은 조형물을 세우고, 벽화를 그렸다. 옛 구암교회 건물은 '3·1운동 역사영상관'으로 바뀌어 치열하게 벌였던 항일운동과 만세운동을 보여주고 있다.

거기서 조금 더 오르면 잔디를 깔아놓은 광장이 나온다. 금강이 잘 보이는 광장 끝에는 3층짜리 건축물이 있다. 신

군산 3·1운동 100주년 기념관 한강 이남 최초로 만세운동을 했던 구암 동산에 세워진 기념관은 옛 군산 영명학교의 모습을 그대로 본떠 만들었다.

사참배를 하지 않겠다고 1940년에 자진 폐교한 영명학교를 되살려 놓은 거다. 그때와 최대한 비슷하게 지어진 건축물은 '군산 3·1운동 100주년 기념관'이다.

마음에만 새기지 않고 몸으로 겪으면서 기억하게 만드는 기념관이다. 아날로그와 IT 기술이 접목된 프로그램이 공존한다. 1910년대 학생들이 공부했던 교재와 앨범, 독립선언서와 태극기 목판을 본다. 독립운동가들의 옷을 입어보고,

편지를 쓰기도 한다. 한편으로는 단추 하나만 누르면 만세운동을 하던 사람들의 처절한 외침을 들을 수 있다. 태극기를 전달하는 게임을 하기 위해서는 기념관 전체를 꼼꼼하게 관람해야 한다. 자전거 페달을 끊임없이 돌려서 일본군의 총알을 피해야 하는 게임 앞에는 어린이들이 줄을 서 있다.

실제 구치소를 재현해놓은 공간에서 저마다 숙연해진다. 영명학교 박연세 선생의 독백은 흘려들을 수 없어서 앉는다. 순국한 문용기 선생의 이야기를 읽을 때는 코를 훌쩍이면서 슬며시 눈물을 닦는다. 일본 경찰이 만세를 부르는 문용기 선생의 오른팔을 자르자 성한 왼손으로 만세를 부르며 앞으로 나아갔다. 끝내 두 팔을 잃은 문용기 선생은 나라의 독립을 외치다가 순국했다.

해마다 외치는 "대한독립만세!"

기념관에서 나오면 바로 땅따먹기나 윷놀이, 투호 던지기 같은 옛날 놀이가 펼쳐져 있다. 아이들은 뭉클했던 마음을 몽땅 잊고 투호를 던지고 잠자리를 쫓아다닌다. 일제강점기 때의 사람들에 대한 미안함과 존경심은 독립군 옷을 입고 찍은 사진을 볼 때야 되살아난다. 스스로, 혹은 옆 사람에게

태극기 탁본 체험 한 관람객이 목판에 새겨진 태극기에 먹을 묻혀 탁본하고 있다. 군산 3·1운동 100주년 기념관에는 체험교육관이 따로 마련돼 있어 탁본, 게임, 기념촬영 등 독립운동과 관련한 다양한 체험 활동을 할 수 있다.

묻는다.

"나 같은 보통 사람도 대한독립만세를 외치고 다녔을까? 그런 용기가 있었을까?"

장담할 수 없다. 그래서 절대 잊어서는 안 된다. 해마다 3월에는 구암교회 교인들과 학생들, 군산시민들이 구암 동산에서 군산시청까지 만세를 부르며 행진한다. 길에는 총칼을 든 일본놈들이 있다. 흰옷을 입은 사람들은 쓰러진다. 시민들은 쓰러진 사람이 내 자식이나 내 이웃인 듯 아픔을 느낀다. 뭉클한 가슴을 부여잡고 100여 년 전으로 돌아간 것처럼 용기를 내서 외친다.

"대한독립만세!"

12 빈해원

문화재에서 즐기는 군산 짬뽕 투어

미닫이문을 열고 쉰 걸음 들어가면 중국이다. 뻥 뚫린 천장에 매단 등과 벽에 건 조명은 모두 빨갛다. 중정처럼 툭 터져 있는 1층 홀에는 길고 커다란 테이블이 세 개 놓여 있다. 여덟 개의 웅장한 콘크리트 기둥들은 건물을 떠받치고 있다. 2층의 복도는 비어 있는 한가운데를 테두리처럼 사방으로 감싸고 있다. 복도를 따라 걸으면 인테리어가 다른 방들이 계속 나온다. 어떤 방에서는 사람들이 모여 마작을 하고 있을 것도 같다.

다시 1층. 떠들썩하게 먹고 마시는 사람들의 머리 위에서 치렁치렁한 옷을 입은 무림 고수들이 대결을 펼치는 모습이 그려진다. 만두와 술을 나르던 종업원은 순식간에 장풍을 맞고 나뒹군다. 그때서야 주인공의 얼굴이 클로즈업된다. 홀로 앉아서 호리병에 든 술을 마시던 그는 날아드는 표창을 재빠르고 우아한 솜씨로 막아낸다.

중국 영화 속 객잔 같은 빈해원은 정통 중화요리 집이다. 고려제지, 한국합판, 청구목재, 경성고무, 도립병원……. 군산의 내로라하는 회사들이 빈해원에서 회식을 했다. 승진한 가장이 택시를 불러서 아내와 어린아이들을 데려와 요리를 주문하는 식당이기도 했다. 원탁을 뱅뱅 돌리면서 먹었던 음식은 몇 년간 이야기해도 질리지 않았다.

편지만 주고받던 청춘남녀가 처음으로 만나는 곳도 빈해원이었다. 가장 좋은 옷을 입고 나온 남자와 여자는 어쩐지 서먹서먹했다. 바삭하고 부드러운 탕수육을 달콤새콤한 소스에 찍어 먹으며 긴장을 풀었다. 두 사람은 원탁 테이블이 있는 방에서 긴 이야기를 주고받았다.

1951년 판잣집에 연 중화요리 집

우리나라에 거주하는 화교들은 대개 산둥성 출신이다. 그들이 공식적으로 군산에 거주하게 된 건 개항 이후였다. 인천과 원산에 살던 화교들이 합법적 치외법권지역인 군산조계

140

지로 대거 이주했다. 1900년에 군산에서 사는 화교만 499명, 자국민을 보호하는 중국 영사관도 들어섰다. 화교들은 농사를 짓거나 장사를 하기도 했지만, 대부분은 축항 공사와 철도 공사 같은 험한 일을 했다.

빈해원의 대표 소란정 씨 일가가 군산에 온 건 한참 후였다. 산둥성 출신인 그의 조부모와 부모, 고모 부부는 일제강점기 때 인천에서 살았다. 해방 후에 고향으로 돌아간 화교들이 많았지만, 그들은 타국살이를 선택했다. 6·25전쟁 중 부산으로 가는 피난선을 탔다. 옷 보따리와 살림살이와 사람들이 빽빽했던 배는 하필 군산에서 고장 나버렸다. 목적지까지 갈 수 없는 화교들은 절차를 밟고 군산 땅에 발을 디뎠다.

아는 사람 하나 없는 작은 항구도시에서 화교들은 닥치는 대로 일했다. 먹지 못하고 일하다가 픽픽 쓰러지는 사람들이 많았다. 중국에서 한의사였던 소란정 씨의 고모부 왕근석 씨는 사람들의 맥을 짚고 침을 놔주었다. 다시 생기를 찾은 사람들은 왕근석 씨에게 부탁했다. "당신은 일하지 마세요. 그저 치료만 해주세요." 소란정 씨가 태어나기 전이었다. 그의 부모와 조부모, 고모 부부는 방 한 칸에 살며 돈을 모았다.

1951년, 고모부 왕근석 씨를 비롯한 식구들은 대한통운 (현 근대미술관) 근처의 조그만 판잣집에 중화요리 집을 열었다. 그때까지도 일본이 지배한 흔적은 군산 곳곳에 징글징글하게 남아 있었다. 사람들은 내항을 일본인이 이름 붙인 그대로 '빈정'이라고 불렀다. 째보선창 쪽은 동빈정, 반대쪽은 서빈정이었다. 물가 빈(濱)에 바다 해(海), 바닷바람이 불어오는 빈해원의 이름은 그렇게 지어졌다.

차곡차곡 쌓아 올린 가족의 꿈

소란정 씨는 빈해원의 장남으로 태어났다. 아이였을 때부터 어른들의 고단한 삶을 볼 줄 알았다. 식구들은 해망동에서 사 온 해산물을 일일이 다듬고 손질했다. 산더미 같은 양파를 까고, 고기를 부위마다 다르게 썰었다. 아버지는 자전거를 타고 11km 떨어진 대야시장에 가서 생닭을 사 왔다. 먼지와 땀에 흠뻑 젖었지만 바로 주방으로 가서 손을 씻고 장사 준비를 했다.

판잣집에서 시작한 빈해원은 1965년 지금의 자리로 왔다. 물론 500여 명이 한 번에 식사할 수 있는 규모가 처음부터 갖춰진 것은 아니었다. 문을 열고 들어오면 왼쪽의 푹 들

2층에서 내려 본 빈해원 내부 벽과 기둥부터 난간과 조명까지 모두 중국식으로 정성껏 지었다. 중국 객잔을 닮은 내부는 테이블이 놓인 1층의 홀과 20여 개의 룸이 있는 2층으로 나뉘어 있다.

어가는 직사각형 공간에 배달 자전거를 두는 공간이 있었다. 테이블이 있는 홀과 신발을 벗고 들어가서 여럿이 먹는 방 하나, 그리고 주방이 전부였다. 소란정 씨는 초등학생이던 때를 기억한다.

"한꺼번에 안 지었어요. 처음에는 1층 한쪽만 있었고, 뒤에는 고량주 공장의 창고였어요. 어르신들이 거기를 나중에 사서 늘리고, 그다음에 장사해서 2층을 올렸어요. 돈이 부족해서 계단은 못 만들었다가 그다음 해에 올렸어요. 책임자는 고모부님이었지요. 세 번에 걸쳐서 중국식으로 정성껏 지었는데, 공사하면서도 빈해원이 쉬는 날은 없었어요."

빈해원의 단골 중에는 미군이 많았다. 퇴근 후 영화동의 클럽에 가는 미군들은 빈해원에 들러서 새우튀김, 탕수육, 자충권, 볶음밥을 먹었다. 갑자기 전기가 나가는 일이 잦았다. 미군들은 테이블에 촛불을 켜고 먹고서도 꼭 팁을 줬다. 수돗물이 끊길 때도 많았다. 청소년이 된 소란정 씨는 제일은행 뒤 우물에서 물을 길어왔다. 한의사인 고모부 왕근석 씨는 그때까지도 항상 오전에 무료 진료를 했다. 용하다는 소문이 퍼져서 서울에서 찾아오는 사람들도 있었다.

그간의 고생이 빛이 되어 앞으로는 좋은 일만 남았다고

생각했던 1981년, 고모가 돌아가셨다. 식구들은 소중한 사람을 잃은 슬픔 속에서도 그 빈자리를 채워야 한다는 걱정을 놓을 수 없었다. 열여덟 살이었던 소란정 씨는 학업을 포기하고 빈해원에서 본격적으로 일을 했다. 처음에는 나무배달통을 들고 자전거를 탔다. 사기그릇에 담긴 음식들은 너무나도 무거웠다.

군산 짬뽕의 시작

무심코 들어간 중화요리 집. "어서오세요."라는 인사에서도, "짜장면 둘, 짬뽕 하나, 탕수육 맞나요?"라고 주문을 확인하는 말에서도 특별한 점은 없었다. 그러나 계산대에서 일하는 사람이 불길이 활활 타오르는 주방에 대고 얘기할 때나 외국에서 걸려온 전화인지 큰 소리로 통화할 때는 다른 언어를 썼다. 알아들을 수 없는 중국말을 주고받았다.

한때는 화교가 운영하는 중화요리 집이 군산에 70여 곳이나 있었다. 박정희 정권 때 강화한 외국인토지법 때문이었다. 농사지으며 살던 화교들은 더 이상 땅을 살 수 없었다. 가진 땅도 국가가 필요로 하면 내줘야 했다. 한국에 와서 농사꾼으로 수십 년간 뿌리내리고 살던 화교들은 땅을 팔고 무쇠 웍과 칼 한 자루를 챙겨서 도시로 왔다.

초마면은 중국 산둥성 지방의 음식이었다. 한국인 입맛에 맞게 초마면에 고춧가루와 군산에서 나는 싱싱한 해산물을 넣어서 변형했다. 사람들은 시원하고 얼큰하고 국물이 빨간 이 요리를 짬뽕이라고 불렀다. 숙취를 풀기 위해 가게 문을 열자마자 짬뽕을 먹으러 오는 사람들이 생겼다. 어떤 여행자들은 오로지 짬뽕 투어를 하려고 군산에 오기도 한다. 군산의 마트에서 살 수 있는 '군산 짬뽕'도 생기고, 장미동 일대에는 '짬뽕시대로'라는 거리도 조성되고 있다.

빈해원은 드라마, 예능, 다큐멘터리 등 장르를 가리지 않고 TV에 나온다. 군산시민들은 이제 익숙해졌다고 담담하게 말하고 싶지만, 사실은 아니다. 유명한 배우들이 빈해원

빈해원의 **별미청탕면**
뽀얀 국물에 홍합, 오
징어, 새우 등 해산물
이 잔뜩 들어간 별미
청탕면은 '하얀 해물
짬뽕', '백짬뽕'으로도
불린다. 흔히 알려진
짬뽕과 달리 자극적이
지 않고 담백한 맛으
로 인기다.

에서 드라마를 찍고 있으면 군산시민이 활동하는 커뮤니티나 SNS에 밤이 깊도록 실시간으로 사진이 올라온다. 그리고 며칠 뒤에는 여행자들이 군산으로 온다. 빈해원을 찾아 짬뽕을 먹는다. 빈해원 메뉴판에 '별미청탕면'이라 쓰인 원조 짬뽕, 초마면을 먹는 사람도 늘고 있다.

국가등록문화재가 된 중국집

중화요리 집에도 전성기가 있었다. 1990년대 초반에 나운동이라는 신도심이 들어서면서 군산의 상권은 야속하리만치 빠른 속도로 옮겨갔다. 빈해원을 비롯한 원도심에는 사람들의 발걸음이 뚝 끊겼다. 오래된 단골손님들은 "너무 옛날식이에요. 인테리어 좀 바꾸세요. 아니면 신도심으로 이사 가세요."라며 진심을 담아 조언하기도 했다.

하지만 소란정 씨는 돌아가신 조부모와 부모와 고모 부부가 남긴 "피땀 흘려 지은 집이니까 잘 지켜라."라는 말을 어길 수 없었다. 수십 년 전에 타던 배달 자전거, 밀가루 배급표, 밀가루 포대, 나무 배달통, 사기그릇, 외국인 등록증, 빈해원의 초창기 사진 등 거의 모든 것을 버리지 않고 보관해 왔다. 장사가 안 될 때도 아침저녁으로 빈해원 2층까지 구석구석 청소했다. 가게를 오래 유지하기 위해서 다른 집보다 음식값도 천 원씩 덜 받았다.

1950년대 초부터 화교인 왕근석 씨에 의해 창업되어 대를 이어온 중국 음식점으로서 1~2층이 개방된 내부공간이 특징적이다. 근대기 군산에 정착했던 화교 문화를 보여주는 건축물로서 가치를 갖고 있으며 보존 상태가 양호하다.

2018년, 문화재청은 영업 중인 빈해원을 국가등록문화재로 지정했다.

짜장면 맛을 아는 집집의 막둥이들이 계 모임 가는 엄마의 치맛자락을 붙잡고 따라갔던 집, 학교 졸업식과 입학식날 꼭 갔던 집, 처음으로 원탁 테이블을 돌려가면서 팔보채와 양장피와 유산슬을 먹었던 집, 군산을 떠나고도 명절에 꼭 한번 찾아가던 집. 군산에 사는 많은 '나'의 역사와 함께한 중국집이 공식적으로 자랑스러운 곳이 된 것이다.

용 그림이 그려진 빈해원의 오래된 미닫이문을 열고 들어가면 세월에 봉인되었던 기억이 풀린다. 사라지고 없는

빈해원의 현재 모습 올해로 개업 70주년의 빈해원은 1965년 지금의 자리로 옮겨왔다. 이 건물은 화교 문화를 보여주는 건축물로 역사 가치를 인정받아 국가등록문화재 제723호로 지정되었다.

회사, 덧없이 흘러간 청춘까지 차별 없이 소환된다. 딸 넷, 사위 넷, 손주 다섯 명을 둔 이숙자, 문인환 씨 부부는 짬뽕과 탕수육을 앞에 두고 영원히 잊을 수 없는 1968년을 곱씹었다.

장미동 제일다방에서 차를 마시고, 제일극장에서 영화를 보고, 빈해원에서 탕수육을 먹으며 결혼을 약속했었다. 50년이 지났건만 빈해원은 그대로였다.

13 일도당

기술이 자부심, 78년 전통의 도장집

마을을 지켜주던 당산나무는 꼼짝없이 당했다. 천년만년 끄떡없을 것 같은 바위도 잘 익은 수박처럼 쩍 갈라졌다. 가물어서 밤새 잠을 안 자고 쫄쫄쫄 물을 받은 논은 특혜를 조금 받았다. 둥그런 멍석 크기만큼의 벼만 타고 끝났다. 현장을 목격한 사람들은 잃은 것을 아까워하지 않고 살아남은 것에 감사했다. 벼락은 우리가 어찌할 수 없는 자연현상의 일부였으니까.

사람들은 하늘과 땅, 눈과 비에 머리를 조아리고 살았다. 어느 날부터는 벼락 맞은 대추나무에 신령한 힘이 깃든다고 믿었다. 벼락에 타들어간 대추나무 한 토막이라도 가진 사람은 부적을 지닌 것처럼 마음을 놓았다. 벽조목이라 이름

붙은 벼락 맞은 대추나무에는 상서로운 기운이 감돌고 있다고 확신했다.

식량과 약으로 쓰인 대추나무는 본래 다른 나무에 비해 밀도가 높았다. 방망이나 떡메, 달구지 등을 만들었다. 수천도의 뜨거운 벼락을 맞는 순간에 대추나무의 수분은 증발했다. 돌보다 더 단단해져서 도끼로도 쉽게 쪼갤 수 없었다. 사람들은 잡귀나 병마 따위가 얼씬하지 못하는 벽조목을 깎고 다듬었다. 그리고 이름을 새겨 도장으로 썼다.

78년 전 문 연 작은 도장 가게

일제강점기 시대, 전북 익산 함라 사람 손인기 씨는 군산으로 왔다. 먹고살기 위해 항구 도시에 모여든 사람들은 대부분 부두에서 막일을 했다. 그러나 인기 씨는 발상의 전환을 할 줄 아는 청년이었다. 자신이 가진 아름다운 필체로 할 수 있는 일을 찾았다. 1943년, 시청과 법원이 있는 중앙로에 도장 파는 작은 가게 일도당을 열었다.

일본사람들이 물러가고, 6 · 25전쟁이 터지고, 보릿고개를 넘는 동안 손인기 씨는 도장을 팠다. 먹고살 만해진 사람들이 땅을 보러 다녀도, 군산의 가장 번화가에서 한결같은 자세로 일했다. 한 개인을 증명하는 인감도장도, 학생들의 진학에 필요한 막도장도, 내로라하는 큰 회사의 직인도 다 손인기 씨가 팠다. 그의 네 아들은 아버지의 자부심을 알았다. "아부지 무슨 일 하시냐?"는 질문에 한 치의 망설임 없이 "도장 파십니다."라고 답했다.

1976년, 일도당의 셋째 아들 손남석 씨는 가업을 잇겠다고 결심했다. 스물네 살 청년은 정식으로 아버지의 제자가 되었다. 한집에서 같이 먹고 자는 핏줄이라고 해도 수련생은 걸넘지 않는 기본기부터 다져야 했다. 반듯하게 앉아서 도장의 '면 갈기'부터 했다.

쉬워 보이는 일도 막상 해보면 다르다. 수평을 가늠하며 갈았는데도, 한쪽으로 기울거나 면의 가운데가 솟았다. 길

일도당의 주인 손남석 씨 일도당을 처음 연 손인기 씨의 셋째 아들 남석 씨가 가업을 잇기로 결심한 건 1976년이었다.

은 한 가지였다. 도장의 면을 갈고 또 가는 것뿐이었다. 스승님은 몇 달이 지나서야 잘했다고, 이제 됐다고 인정했다. 면 갈기라는 고갯마루에 어렵게 올라선 그였지만, 산들바람에 땀을 식힐 겨를이 없었다. '칼질'이라는 더 높고 험한 산봉우리를 넘어야 했다.

도장에 새기는 글씨는 대개 전서체를 썼다. 글자에 아름다움을 주기 위해 꼬불꼬불하면서도 도장의 면이 꽉 차게 연결해야 했다. 컴퓨터가 없던 시절이었다. 도장에 쓸 글자니까 종이에 거꾸로 써서 외웠다. 그러고 나서는 머릿속에 하나하나 글씨체를 입력했다. 완벽하게 이해한 사람만 칼을 잡고 글자를 새길 자격을 얻었다.

모든 것을 가져간 수마

남석 씨는 그의 아버지가 옛 시절에 그랬던 것처럼 시대를 앞서 나갔다. 인쇄기술을 배워 연하장, 청첩장도 만들었다. 손등에 검버섯이 핀 아버지는 여전히 칼을 잡고 도장을 팠다. 집마다 개인용 컴퓨터가 있고, 몇 분 만에 도장을 파주는 기계가 나와도, 노년의 아버지는 오래된 알루미늄 전등을 켰다. 치구에 도장을 고정하고 글씨를 새겼다. 사십 대

중반이 된 아들에게 일도당을 물려준 건 2000년대 초반, 아버지 손인기 씨는 팔순을 앞두고 있었다.

우직하게 한 우물만 파는 사람은 뒤처지는 시대였다. 업종을 바꾸면서 장사하는 사람들은 신도심에 상가를 사고, 땅을 사고, 주식투자를 했다. 남석 씨는 도장 파는 기계, 명함 찍는 기계, 당시의 집 한 채 값과 맞먹는 인쇄 기계를 사들였다. 가게와 살림집이 붙은 일도당에서 두 아이를 키우면서 같이 일해 온 남석 씨의 아내 이은자 씨는 남들처럼 살고 싶다고 했다.

"나는 자부심으로 일하는 사람이라고! 기계를 사야지, 무슨 땅이야?"

하지만 2012년 8월, 남석 씨의 소중한 기계들은 무용지물이 되고 말았다. 군산에는 8시간 동안 441mm의 폭우가 내렸다. 바둑판처럼 만들어진 중앙로에는 보트를 띄워도 될 만큼 물이 찼다. 가게와 주택은 침수됐다. 흙탕물에 잠겼다가 물이 빠진 일도당에서는 악취가 풍겼다. 가게 안에서 한발 뗄 때마다 질척이는 진흙이 종아리까지 달라붙었다.

고물상에서는 고가의 인쇄 기계를 1만 원에 가져갔다. 살아갈 힘을 완전히 잃은 남석 씨 부부에게 말짱한 것들이 눈에 띄었다. 서랍장 맨 위에 두었던 아버지의 유품이었다. 도장 파는 칼, 관공서와 큰 회사의 각종 고무인과 그걸 찍어서 모아둔 서류였다. 이 세상에 안 계신 아버지가 "그래도 일어나라."고 하는 것 같았다.

천년명가의 수제도장

100년도 더 전에 일본인들이 계획적으로 만든 중앙로는 크게 달라지지 않았다. 시야를 가리는 높은 건물은 없다. 1980년대 영화에 나올 것 같은 거리는 평일엔 이성당에서 한 블록 멀어질수록 한산하고 적막해진다. 여행자들이 북적이며 길을 채우는 주말이 되어야 물을 머금은 버드나무처럼 생기가 도는 동네다.

이성당 건너편에서 해망굴 가는 길 중간쯤에 일도당이 있다. 상점 진열창에 'GUNSAN 1943'이라고 쓰여 있는 빨간 도장 그림이 눈에 띈다. '3대째 가업 일도당'이라는 쇼윈도 홍보 스티커가 바로 아래에 있다. 오래된 치구 사이에 도장을 끼우고, 아버지가 남긴 칼로 이름을 새기는 남석 씨의 사진이 보인다.

수해로 모든 것을 잃었던 남석 씨는 빚을 얻었다. 그럼

지정석 제공

일도당의 현재 1943년 처음 문을 연 일도당은 70년이 넘도록 그 자리를 지키고 있다. 아버지 손인기 씨에서 아들 손남석 씨, 다시 그의 아들 손정배 씨까지 3대째 가업을 잇고 있다.

에도 또 도장 기계와 인쇄 기계를 사서 가게에 들였다. 예순 살을 목전에 두고 일러스트, 도스, 파워포인트, 포토샵을 배웠다. 모바일 청첩장을 쓰는 시대가 왔지만 그는 아들 손정배 씨에게 가업을 권했다. 동네 가게에 가지 않고 인터넷으로 쇼핑하는 시대에도 기술은 필요하다고, 큰돈은 벌지 못해도 자부심을 갖고 평생 일할 수 있다고 설득했다.

남석 씨는 그 옛날 아버지의 방식으로 수제도장을 만든

다. 아들 정배 씨는 웹 디자인을 인쇄에 접목하고 있다. 78년째 가게의 빛이 꺼지지 않은 일도당은 '군산전통명가'와 '전북천년명가'에 선정됐다. 여행자들은 군산에 온 김에 일도당 앞에서 사진을 찍고 결정적인 순간에 쓸 수제도장을 만든다. 시간이 빠듯한 사람들은 남석 씨의 손길이 닿은 기계도장도 좋다고 한다.

벼락 맞은 대추나무로 새긴 도장은 귀해서 더 비싸다. 물벼락을 맞고도 재기한 남석 씨가 새긴 도장은 값어치만으로 판단할 수 없다. 그 가치를 아는 초등학교에서는 학생들에게 일도당의 도장을 선물해준다. 아이들은 레이저 조각기로 도장 옆면에 졸업 날짜까지 새긴 도장을 서랍 안에 간직한다. 스마트폰으로 유튜브

손도장을 깎는 손(위)과 도장 깎는 칼(아래) 손인기 씨가 가업을 잇기 시작한 지 45년이 지난 지금도 여전히 손도장을 찾는 사람이 많다. 기계가 아닌 사람 손끝에서 한 자 한 자 완성되는 수제도장의 가치를 알기 때문이다.

를 보고 자란 아이들은 특별한 아날로그 감성 선물에 행복해한다.

손남석 씨의 노후 준비는 기술이다. 그는 아버지처럼 오래 일하고 싶다고 했다. 여든 살이 넘어서도 일도당에서 손님을 맞고 도장을 파고 인쇄를 할 거라고 확신했다. 손남석 씨는 지금 육십 대 중반, 그의 꿈은 진행 중이다.

14 항도호텔
근대의 풍경을 간직한 군산 1호 호텔

"한밤 자고 갔디야!"

다들 소문의 진원지를 알고 있었다. 그곳의 이야기는 주로 전직 대통령, 영화배우, 가수, 운동선수에게 들러붙었다. 수십 년 전의 일이 엊그제 일어난 것처럼 생생하게 떠돌아다녔다. 돌아서면서 금방 잊는 사람들은 흘러나오는 옛 노래를 듣거나 텔레비전 드라마를 보면서 혼자서도 맞장구를 쳤다. "맞어, 그 냥반이 자고 가긴 혔어." 30년 전에 자고 간 사람들도 어제 자고 간 것처럼 사람들의 입에 오르내렸다.

군산 첫 호텔, 유명인사의 단골 숙소

1960년대 초반, 젊은 어머니들의 나들이옷은 한복이었다.

곱게 차려입고 아이들 소풍에 따라가서는 기념으로 흑백사진을 찍었다. 바로 그 시대에 군산에는 첫 호텔이 생겼다. 당시 이름은 항도장. 수령 40년이 넘은 향나무가 담장 안에 심겨 있고, 낮은 건물들 사이 3층짜리 건물은 웅장하고 멋졌다. 방마다 새하얀 침대가 있다는 호텔은 범접하기 어려운 곳으로 보였다. 당대의 유명한 가수나 코미디언은 군산에 오면 이곳에서 묵고 갔다. 동네 사람들한테는 그것마저 큰 이야깃거리였다.

세월이 흐르면서 높아만 보였던 항도호텔의 담장은 낮아졌다. 인근에 사는 사람들은 반가운 손님이 오면 항도호텔에 묵게 했다. 1982년 1월에 통행금지가 해제되고 나서는 항도호텔 주변에 포장마차가 늘어섰다. 곱창을 굽고 술을 파는 떠들썩한 포장마차는 새벽녘에 이르면 사춘기 아이들처럼 과묵해졌다. 마지막 손님을 보내고 적막 속에 철거하는 포장마차 옆으로 신문 배달하는 자전거가 지나갔다.

1990년대는 대학농구의 시대였다. 멋진 배우들이 농구 선수로 뛰었던 드라마 '마지막 승부'가 끝난 후에도 전국 여학생들의 마음은 식지 않았다. 이른 아침부터 농구장 앞에서 기다렸다가 표를 사는 진풍경이 벌어졌다. 시대의 흐름

항도호텔의 현재 모습 호텔이라기에 아담해 보이는 항도호텔의 3층 건물은 1960년대 처음 지을 당시 군산 1호 호텔로 큰 화제가 되었다. 옛 모습은 그대로 살리고 깔끔함은 높인 리모델링으로 최근 특별한 테마의 숙소로 각광받고 있다.

을 읽을 줄 아는 군산의 여학생들에게도 가슴이 터질 것 같은 행복이 주어졌다. 연중행사로 군산에서 대학농구 경기가 펼쳐진 것. 농구선수들이 묵는 곳은 당연히 항도호텔이었다.

지금은 간호사가 된 최승명 씨는 영광여고 시절 친구들과 호텔 앞에서 진을 치고 연세대 농구부 '오빠들'을 기다렸다. 1년에 한두 번씩 항도호텔 앞은 아수라장이 되었다. 패션 모델처럼 잘생기고 키가 큰 농구선수들은 호텔 안에 들어서기까지 귀가 떨어져 나갈 만큼의 환호를 받아야만 했다. 선수들의 옷깃이라도 잡아보고 싶은 여학생들은 일본군에 맞서는 독립운동가들처럼 비장하게 돌진했다. 동네 사람들은 시끄럽다 투정하면서도 학생들을 쫓아내지 않았다. "안 다치게 살살 혀."라고 달랬다.

동네 놀이터가 된 항도목욕탕

고급 호텔에 사우나가 있듯이 항도호텔에도 목욕탕이 생겼다. 온종일 영화동 시장에서, 식당에서, 가게에서 바빴던 어른들은 일을 마치면 걸어서 항도목욕탕으로 갔다. 뜨끈한 탕에 노곤한 몸을 담그면 아는 얼굴들이 반갑게 인사했다. "아, 시원하다!"가 절로 나오는 탕 안에선 기특하게 크는 아이들 이야기를 했다. 물론, 목욕 후 갈 대폿집도 물색했다.

항도목욕탕을 중심에 두고 삼각형처럼 초등학교가 세 곳 있었다. 경술국치 전인 1906년에 설립한 군산초등학교, 1950년대에 개교한 금광초등학교와 서초등학교였다. 어린이들은 시내와 가까운 항도목욕탕을 좋아했다. 주말에는 열쇠로 잠글 수 있는 사물함이 모자라 바구니에 옷을 벗어놓고 들어가야 할 정도로 붐볐다.

사내아이들은 냉탕에서 짓궂게 놀기 위해 항도목욕탕에

다녔다. 알고 보면 누구네 아버지, 삼촌, 형이었으니까 크게 혼내는 어른들이 없었다. 그렇게 몇 년씩 몰려다녀도 아이들은 같은 속도로 자라지 않았다. 먼저 성숙해진 아이는 목욕탕 앞에서 아는 여자애와 마주치면 얼굴이 빨개졌다. 그 찰나의 순간은 친구들 사이에서 최소 10년짜리 놀림감이었다.

하루에 300명 이상의 손님이 항도목욕탕에 왔다. 퇴근 후에 날마다 목욕을 하러 오던 중년의 초등교사는 교장선생님으로 은퇴했고, 생물공장에서 쪼그려 일하던 여성들은 뜨

항도목욕탕의 현재 모습 항도호텔 목욕탕은 고급 호텔 사우나보다는 동네 놀이터에 가까운 모습이었다. 지금도 투숙객뿐 아니라 지역 주민들이 동네 목욕탕으로 자주 찾는다. 항도호텔 투숙객은 목욕탕을 무료로 쓸 수 있다.

거운 물에 몸을 담가서 피로를 풀어야 하는 어르신이 되었다. 리모델링을 한 후에 더 넓어진 탕에서 놀았던 아이들은 자라 제 길을 찾아갔다. 상권은 신도심으로 옮겨갔고, 동네에서 장사하는 사람들도 아파트에서 출퇴근했다. 항도호텔과 항도목욕탕을 운영하던 주인도 세상을 떠났다.

"저 사람이 여그서 스무 살부터 일혔어요. 사장님이 바꼈어도 성실해 가지고 오십 살 먹드락까지 30년을 일해요. 새벽 3시 20분에 나와서 물 받고, 4시부터 영업 시작해요."

항도목욕탕 40년 단골이라는 어르신은 고실고실한 목욕탕 수건을 갖고 오는 관리인을 가리키며 말했다. 모든 것이 옛날 같지 않다면서, 이 거리가 시청과 법원이 있을 때 얼마나 빛났는지를 들려주었다. 동네와 사람들이 이렇게 빨리 늙을 줄 몰랐다면서 목욕탕에 오는 손님도 이제는 하루에 150명 남짓이라고 했다.

60년 전통 속에서의 하룻밤

군산에 오는 여행자들은 오래도록 똑같은 맛을 유지하는 소고기뭇국, 아귀탕, 물메기탕, 단팥빵, 짬뽕, 간장게장, 박대구이 등을 먹는다. 짧으면 수십 년, 길면 100년 넘은 이야기

항도호텔 로비(위)와 객실 문(아래) 항도호텔 로비는 작은 자개장과 고가구, 수석 등을
인테리어 소품으로 활용해 고풍스럽게 꾸몄다. 열쇠를 돌리고 들어가는 객실 문 또한 호
텔 객실이라기보다 옛날 방문을 연상케 한다.

를 품은 일본식 사찰 동국사, 신흥동 일본식 가옥, 초원사진관, 근대역사박물관, 군산 내항을 본다. 그리고는 원도심 곳곳에 들어선 깔끔한 게스트하우스에 묵는다.

어느 날부터 여행자들은 100년 된 향나무가 있는 항도호텔로 발을 들였다. 반세기 넘도록 변하지 않은 호텔을 다시 찾았다. 새로운 주인이 리모델링을 했지만 옛날을 고수한 방식에 호감을 느꼈다. 로비에는 오랜 세월 잘 관리해온 것으로 보이는 자개장이 있고, 창문을 열면 드르륵 소리가 난다. 반세기 전의 창틀과 유리창 그대로라서 감탄이 나온다. 나무 문을 열고 객실로 들어갈 때는 카드키 대신 열쇠를 쓴다. 문을 열면 객실 안 소품에 하나하나 들인 정성과 깨끗한 방이 제대로 보인다.

"한밤 자고 왔어."

이 소문이 발화된 곳은 여행자의 스마트폰이나 노트북이다. 군산에 온 여행자들은 긴 세월을 품고 있는 항도호텔에서 잠을 자고, 물 좋은 항도탕에서 목욕했다는 이야기를 SNS에 기록한다. 유명한 사람들, 팬을 몰고 다니는 사람들만 따라다니던 항도호텔의 소문은 이제 평범한 사람들에게 기대서 퍼져나간다.

15 신토불이통닭

촌스럽고 다정한 군산의 참새방앗간

함박눈의 마력에 가장 먼저 빠지는 건 어린이다. 앞뒤 재지 않고 눈밭에서 뒹굴고 본다. 오동통한 볼은 찬바람에 실금이 간 것처럼 터지고, 신발에 들어온 눈은 차고 눅눅해진다. 그걸 바라보는 중년은 애써 몸을 움직이지는 않는다. "눈 오네!" 짧게 뱉는 말이 전부다.

하지만 해가 떨어지면 돌변한다. 눈 오는 날 밤이 주는 분위기에 완벽히 걸려든 중년은 눈 속을 요란히 뛰던 아이처럼 들뜨기 시작한다. '오늘 같은 날' 그냥 집에 갈 수는 없다. 나운2동의 '신토불이통닭'으로 순간이동 한다. 약속이나 한 것처럼 친구 여럿이 이미 와서 기다리고 있다.

논두렁에 생긴 통닭집

논이었던 나운동에 고층아파트가 준공된 건 1991년 봄이었다. 아파트를 짓는 공사 차량이 끊임없이 드나들었지만 여전히 들판이 너른 동네였다. 봄은 땅에서부터 왔다. 얼었다가 녹으며 폭신해진 바닥에서 싹이 올라왔다. 교복 입은 학생들은 큰길을 놔두고 지금은 아파트와 쇼핑몰이 된 논두렁을 지나다녔다. 비 오는 날에도 두 사람이 나란히 우산을 쓰고 걸을 만큼 논둑길은 넓었다.

1995년 3월. 손균홍, 양근옥 씨 부부는 롯데아파트 상가에 20평짜리 신토불이통닭을 개업했다. 보증금 3,500만 원에 월세 38만 원을 내는 가게 앞은 휑했다. 그때는 4차선 도로를 사이에 두고 마주 보고 있는 7층짜리 나운프라자 건물도 없었다. 가게 문을 열어놓으면 개구리 소리가 선명하게 들려오는 무논이 보였다.

처음에 신토불이통닭의 메뉴는 사람들을 사로잡지 못했다. 부부가 늦은 밤까지 가게 일에 매달려도 하루 평균 매출이 5만 원대였다. 생활정보지에 광고하고, 발품을 팔아서 홍보를 해도 나아지지 않았다. 주문 전화는 드문드문 걸려왔고, 손님들의 온기가 닿지 않는 테이블과 의자는 아무리

©편집자

신토불이통닭 주인 손균홍, 양근옥 씨 부부 1995년 신토불이통닭을 개업한 부부는 26년째 같은 자리에서 장사를 하고 있다. 하루 평균 매출 5만 원이었던 통닭집은 부부의 노력과 끊임없는 도전으로 줄 서서 먹는 맛집으로 성장했다.

싹싹 닦아도 윤기가 나지 않는 것 같았다.

할 게 없어서 뛰어든 통닭집이 아니었다. 손균홍 씨는 우리나라에서 처음으로 문을 연 충무로의 통닭집 '영양센터'에서 종업원으로 일했다. 열여덟 살 때부터 마흔네 살까지 한 길만 걸었다. 닭을 튀기는 주방을 맡아 보거나 생닭을 납품하는 일을 해왔다. 먹고살 자신이 있어서 서울살이를 정리하고, 홀어머니와 동생들이 있는 군산으로 내려왔다.

막다른 길에 다다른 사람은 자책부터 한다. 가장 가까운 사람을 들볶아서 함께 쓰러지기도 한다. 하지만 균홍 씨와 근옥 씨 부부는 그러지 않았다. 신약을 개발하는 과학자처럼 신중하게 양념을 배합했다. 셀 수 없이 많은 닭 요리를 하며, 무수한 시간과 정성을 쏟아 완성한 음식이 '별미양념통집'이다.

줄 서서 먹는 동네 통닭집

딱 3년이 걸렸다. 설 당일과 추석날 말고는 늘 열려 있는 신토불이통닭은 테이블마다 손님들이 꽉 차 있었다. 고향에 왔다가 우연히 먹어본 양념똥집 맛을 잊지 못해서 일부러 찾아오는 손님들도 늘었다. 가게 앞에 내놓은 전기구이오븐에서는 통째로 꿰어진 닭 40여 마리가 노릇노릇하게 구워졌다.

평생 다이어트를 하면서 식욕과 맞서온 여성들이 가게 안으로 들어왔다. 청양고추 팍팍 들어간 매콤한 치킨에 맥주까지 곁들여 다이어트 시작을 내일로 약속했다. 공단에서 교대근무를 마친 사람들은 신토불이통닭에서 양념똥집에 맥주 한 잔씩을 하고 동료와 헤어졌다. 어린아이를 둔 젊은 아빠들은 기름기를 쫙 뺀 전기구이통닭을 포장해갔다.

신토불이통닭은 테이블마다 독립성이 보장되어 있다. 바닥에서 천장까지 확실한 칸막이가 세워져 있다. 막상 자리에 앉으면 머리 위부터 천장까지 뚫려 있어서 답답한 기분은 안 든다. 그 틈 사이로 화장실에 다녀오다가 꼭 낯익은 뒤통수를 발견한다. "어, 왔어?" 아는 체를 한 사람에게 병맥주나 양념똥집을 보낸다. 인심 좋은 몇은 지인의 술값까지 내고 홀연히 사라지는 곳이 신토불이통닭이다.

신영석 제공

신토불이통닭의 양념똥집튀김 신토불이만의 별미로 꼽히는 '별미양념똥집'은 부부가 오랜 시간과 노력을 쏟아 개발한 메뉴다. 바삭하게 튀긴 닭똥집을 비법 간장소스로 버무려 맛과 느끼함을 모두 잡았다.

"그냥은 못 주니까 넉넉하게 드릴게요."

눈가에 웃음 주름이 진 근옥 씨는 손이 크다. 접시에 담긴 양념똥집튀김은 가격에 비해 푸짐하다. 스스로 개발한 요리에 대한 자부심이 담겨 있다. 20여 년째 드나드는 손님들도 마음을 알아채곤 "며칠 신토불이 똥집을 안 먹으면 잠이 오들 안 혀요."라고 격찬한다. 메뉴 그대로 프랜차이즈 가게를 내자는 사람도 있지만, 작은 도시의 유일한 가게로 남는 길을 택했다.

하룻밤 사이 열한 개의 테이블이 두세 번씩 회전하는 전기구이통닭집. 어떤 날은 아무리 기다려도 자리가 나지 않는다. 다른 곳을 들렀다가라도 오겠다는 의지에 불타는 손님들은 은행처럼 번호표를 뽑게 해달라고 조른다. 그러나 이웃 도시에서 양념똥집을 먹기 위해 승합차를 타고 온 사람들이 마냥 기다리는 걸 본 단골들은 쿨하게 순서를 바꿔주기도 한다.

무적의 신토불이통닭

신토불이를 시작할 때 손균홍 씨는 사십 대였다. 쉰다섯 살까지만 통닭 가게를 하겠다고 결심한 그는 어느새 칠순이다. 아프다고 하루도 누워본 적 없는 균홍 씨는 오전 9시에 가게에 나와서 장사 준비를 한다. 전기구이오븐에 통닭을 미리 익히고, 장을 보고, 재료를 다듬고, 양념을 준비한다. 점심을 먹은 뒤에는 간단한 운동을 하고 짧은 낮잠을 잔다.

오후 3시부터는 큰딸 손경화 씨가 손님 맞을 준비를 한다. 부모님의 일을 배운 지 9년 차다. 작은딸 부부도 3년 전부터는 같이 일한다. 옆 가게까지 세를 얻어서 원래 가게와 똑같이 인테리어를 했다. 장사를 시작할 때 그랬듯 여전히 월세를 내고 있다. 기특하게도 이 오래된 통닭 가게는 불경기도 비켜 간다. 테이블 수가 많아졌지만, 손님 수를 나타내는 테이블 회전율은 여전하다. 매일 문을 닫을 때까지는 테이블마다 두세 그룹의 손님이 다녀간다.

신토불이통닭집의 전기구이통닭은 갖가지 맛있는 프랜차이즈 치킨에 지지 않고 있다. 사람들이 최고로 꼽는 양념통집은 몇 년째 가격을 올리지 않았다. 세련된 분위기를 찾아다니는 사람들도 치킨집만은 어쩐지 촌스럽고 다정한 신토불이통닭에 끌린다. 자리에 앉자마자 가져다주는 멸치와 고추장까지 다른 데서 먹는 것보다 더 특별한 것 같다. 오랜 단골인 이연화 씨는 말했다.

신토불이통닭집의 전기구이통닭 가게 입구 바로 옆 전기구이오븐에서 전기구이통닭이 노릇노릇 익고 있다. 길을 걷다가도 훤히 볼 수 있는 이 광경은 신토불이통닭을 찾는 사람들에게 변함없는 맛을 약속함과 동시에 지나는 많은 사람에게 추억을 선물하고 있다.

"음식도 맛있지만, 옛날 선술집처럼 사람 사는 냄새가 나는 게 더 매력이죠. 시끄러운데 그게 거슬리지 않아요. 저녁에 회식하고 배가 불러도 헤어지기 아쉬울 때 있잖아요. 허물없는 사람들과 한 잔 더 하고 싶을 때 신토불이통닭에 온답니다."

젊어서부터 신토불이에 드나들던 사람들의 머리숱은 줄어 있다. 옆구리에는 살이 찌고, 직장생활을 얼마나 더 할 수 있을까 고민하는 나이가 되었다. 완전히 노년에 접어든 부모님을 보며 자신의 미래를 보고, 뒷바라지할 게 남아 있는 아이들을 위해서 살아갈 힘을 낸다. 가성비가 좋다는 신토불이통닭에 올 때도 가끔은 망설인다.

한 해가 저물어가고 어김없이 함박눈이 내린다. 중년들은 당장에라도 지구 한 바퀴를 돌고 올 것처럼 마음부터 젊어진다. 퇴근한 몸은 어느새 신토불이통닭에 도착해 있다. 친구나 동료, 부부끼리 온 사람들로 만석이다. 가게 입구에서 차례를 기다리는 사람들은 동창회에 온 것처럼 서로 반갑게 아는 체를 한다. 떠들썩한 분위기에서 한두 잔씩 마시고는 식구들하고 나눠 먹을 전기구이통닭을 포장해서 집으로 간다. 차선까지 눈에 덮인 도로는 고요하다.

16 한길문고

문화를 만드는 군산 터줏대감

극한의 날씨는 사람들의 처지를 공평하게 만든다. 한파주의보가 내린 12월 31일, 계속 쏘다닌 사람이나 집에서 나온 지 얼마 안 된 사람이나 똑같이 콧물을 흘렸다. 손님들은 얼얼한 바깥공기를 몰고 한길문고에 왔다. 국내소설, 외국소설, 인문학 매대에서 책을 고르다가 한 번씩 코를 훌쩍였다. 서점 맨 끄트머리에 있는 문제집 서가에는 중고생들이 많았다. 새해 결심 중 빠질 수 없는 게 '열공'이니까.

볼이 빨개진 초등학생 두 명은 한길문고 한편에 있는 카페로 곧장 왔다. "우리 1시간만 있다가 가자." 주문은 안 해도 된다는 걸 알고 있는 모양이었다. 한 친구는 자리 잡고 앉아서 스마트폰을 봤다. 한 친구는 서가에서 동화책을 가져와 안락의자에서 읽었다. 카페에서 글을 쓰고 있던 나는 기특하고 예쁜 아이들을 훔쳐봤다.

말을 걸까 말까. 10분도 못 버티고 물었다. "몇 학년이에요?" 아이들은 대답하는 대신 눈빛을 교환했다. '아줌마부터 정체를 밝히세요.'라는 듯한 눈이다. 매대에서 내가 쓴 책 『소년의 레시피』를 확인하고서야 아이들 얼굴은 환해졌다. 5학년인 혜린이와 현진이는 한길문고에서 큰길을 건너면 나오는 초등학교에 다닌다. 한 해 마지막 날이니까 동네 쇼핑몰을 구경하고 집에 가는 길이었다. 너무 빨리 헤어지는 것 같아서 서점에 들렀다고 했다.

"도서관도 코앞인데 왜 한길문고로 왔어?"

"여기가 더 편하니까요. 어릴 때는 엄마 아빠랑 왔는데 컸으니까 친구랑 다녀요."

오래된 서점에서 거대한 서점으로

한길문고의 옛 이름은 녹두서점이었다. 1987년, 원도심인 명산동에 문을 열었다. 편지를 주고받거나 집 전화로 약속을 잡던 시대였다. "지금 어디쯤 왔어?"라는 확인을 할 수 없었다. 제시간에 안 오면 한없이 기다려야 했다. 책이라도 읽을 수 있는 서점은 약속 장소의 메카였다. 젊은 직장인들은 서점에서 친구를 만나 영화관이나 밥집으로 갔다. 대학생들은 서점에 책가방을 맡기고 시청 앞에서 "독재타도!"를 외쳤다. 초등학생들은 서점에 주저앉아서 책을 읽었다.

녹두서점은 한길문고로 이름을 바꾸고, 일제강점기에 닦인 중앙로의 상가 지하에 자리를 잡았다. 시민들은 변심하지 않았다. 이제는 "중앙로 한길문고에서 기다리고 있을게."라고 약속을 했다. 해마다 우리나라 사람들은 너무 책을

한길문고에 진열된 작가 사인 한길문고의 벽면서가 한편에는 서점을 방문한 유명작가의 사인이 책과 함께 진열돼 있다. 한길문고는 강연회, 작가와의 만남 등 다양한 작가 초빙 행사를 통해 시민이 작가를 직접 만날 수 있는 기회를 만들고 있다.

안 읽는다는 기사가 나왔지만, 한길문고에는 책을 고르고 읽는 사람들이 많았다.

균열은 느닷없이 눈에 띈다. 100여 년간 끄떡없었던 군산 원도심의 상권이 흔들리고 있다는 걸 바로 알 수는 없었다. 마침맞게 한길문고는 13곳의 아파트 단지로만 이루어진 나운2동으로 옮겨왔다. 300평 규모였다.

한길문고에 들어온 손님들은 서점이 자기 것인 양 자랑했다. "군산에도 교보문고 같은 엄청 큰 서점 있다!" 하고. 서가 외에도 서점 안에는 곳곳에 크고 작은 공간이 펼쳐져 있었다. 덕분에 시민들은 여러 가지 소모임과 취미활동을 돈 안 들이고 하게 됐다. 그때가 2003년이었다.

책 좋아하는 사람들에게 작가는 연예인과 같은 존재다. 좋아하는 작가의 '덕후'가 되고, 작가를 꼭 한번 만나보고 싶다는 욕망에 사로잡힐 때가 있다. 그러나 군산 같은 소도시에서 작가를 만나는 건 드문 일이었다. 그런 마른 땅에 단비 같은 소식을 준비한 곳도 한길문고였다.

'작가 강연회! – 장소: 한길문고'

시민들은 작가의 실물을 보고 친필사인을 받았다. 동네 서점에서 성덕(성공한 덕후)이 되는 기쁨을 만끽했다.

10만 권의 책이 물에 잠긴 날

자연재해는 사람들의 일상에 지워지지 않는 흉터를 남긴다. 홍수나 가뭄, 폭설 앞에서 무력했던 경험은 오래간다. 2012년 8월 13일, 군산 사람들은 텔레비전 뉴스로만 봤던 장면을 실제로 겪었다. 아파트 주차장에 세워놓은 자동차에 물이 차고, 도로 위로 온갖 것들이 물에 휩쓸려 떠다니고, 전기와 물은 끊겼다. 지하에 있던 한길문고는 완전하게 물에 잠겼다. 10만 권의 책이 순식간에 오물을 뒤집어쓴 쓰레기

수해 당시의 한길문고 수해로 물에 젖은 책과 문구용품이 공터에 가득 펼쳐져 있다. 자원봉사자들이 쓸 만한 물건이 있는지 골라내고 있다. 매일 100명씩의 자원봉사자가 한 달이 넘게 한길문고를 돕기 위해 찾아왔다.

가 되었다.

"한길문고 망했대."

소문은 도시 전체로 퍼졌다. 아파트에 물이 안 나와서 씻지 못한 사람들도 서점으로 갔다. 양수기로 물을 퍼내자 드러난 한길문고의 모습은 처참했다. 발을 떼서 들어가기가 겁났다. 자원봉사자들은 인해전술을 썼다. 하루 100여 명 넘는 사람들이 한 달 넘게 서점으로 와주었다. 쉴 새 없이 땀이 흐르고 안경에 뿌옇게 서리가 끼어도, 악취 때문에 마스크를 벗지 못했다. 일터를 지켜야 하는 시민들은 도와주지 못해 미안하다면서 서점으로 음식을 보내주었다.

수해를 겪은 시민들은 "한길문고는 상점 이상의 상점이었어."라고 회상했다. 아무도 캐묻지 않았지만, 인터넷서점에서 책을 사 읽던 자신의 '죄'를 공개적으로 실토하는 사람도 있었다. 한길문고가 불행과 고통을 딛고 시민들 곁에 다시 있어 준다면, 아무리 인터넷 서점이 성황이어도, 아무리 주차가 복잡해도, 서점에 와서 책을 사겠다는 맹세를 했다.

그해 10월 6일, 수해를 입은 지 한 달 보름 만에 한길문고는 같은 건물 2층에 문을 열었다. 한길문고 이민우 대표는 특유의 허허 웃는 느린 말투로 시민들에게 고맙다는 인사를 했다. 잔칫날처럼 다들 기분이 좋았다. 독서가들은 경쟁하듯 몇 권씩 책을 샀고, '무독서가들'도 서가를 돌며 신중하게 책을 골랐다. 한길문고는 그날부터 물과 사투를 벌여가며 지킨 모두의 공간이 되었다.

문화를 만들고 꿈을 빚는 서점

한길문고는 오랫동안 금요일 밤마다 특별한 프로그램을 진행했다. 작가를 초대해서 강연회를 하고, 여름밤에 맥주 마시면서 책 읽는 심야책방을 열었다. 샴푸와 치약, 과일을 상품으로 준비해서 '200자 백일장 대회'를 하고, 1시간 동안 움직이지 않고 책을 읽으면 최저시급 상품권을 주는 '엉덩이로 책 읽기 대회'를 열었다. 밥벌이나 좋아하는 일을 꾸준히 하면서 자기 세계를 만든 사람들이 서점에서 이야기할 수 있도록 '내 생애 첫 강연'과 '일하는 사람들의 무대'를 계속 열고 있다.

서울에서 몇몇이 한길문고의 프로그램에 참여하기 위해 군산을 찾았다. 그들은 군산역과 군산고속버스터미널에서 택시를 타고 말했다. "한길문고요." 택시 기사는 내비게이션에 주소도 찍지 않고 바로 출발했다. 백미러로 눈을 맞추

100인의 엉덩이로 책 읽기 대회 모습 선착순 100명의 도전자와 함께 진행한 '엉덩이로 책 읽기 대회'는 1시간 동안 엉덩이를 떼지 않고 책을 읽으면 최저시급을 제공하는 이색 이벤트다. 한길문고는 다양한 문화 프로그램으로 시민과 함께하고 있다.

고는 "작가 강연회 가십니까?"라고 아는 체를 했다. 목적지에 닿을 때까지 그에게서 한길문고의 30년을 전해 들었다. 딸의 상장을 자랑하는 아빠의 모습 같았다. 택시기사에게 듣는 서점의 역사라니, 경험해본 사람들은 꽤 낭만적이었다 입을 모은다.

유튜브가 없던 시절, 한 소년은 우연히 마술의 세계에 빠져들었다. 학교 끝나면 날마다 한길문고에 와서 마술책을 보았다. 관객의 눈을 멀게 하는, 계속 보고 있다고 뇌가 믿게 하는 '미스 디렉션' 분야의 마술을 알아갔다. 언젠가는 마술사가 되겠다던 소년은 국제대회에서 상을 탄 진짜 마술사가 되었다. 문태현 마술사는 2~3년에 한 번씩 서점에서 크리스마스 공연을 한다. 그가 인사말에 빼놓지 않는 문장이 하나 있다.

"저는 한길문고에서 책을 읽고 마술사가 되었습니다."

책 이상을 파는 곳

나는 스무 살부터 한길문고에 다녔다. 읽는 사람에서 읽고 쓰는 사람이 되었고, 마흔 넘어서 첫 책을 냈다. 그때서야 알았다. 책을 마음껏 만지고, 구경하고, 책 냄새를 맡고, 읽고, 좋아하는 작가를 만날 수 있게 모임을 주선해주고, 언제든 찾아가 무언가를 쓰고 다듬을 수 있는 이 '책의 공간'이 내가 글을 쓰는 사람이 되기까지 적지 않은 힘을 실어주었다는 것을.

사람들은 한길문고에 자주 모인다. 책을 읽거나 작가의 이야기를 듣는다. 분야 불문의 다양한 모임을 하고, 그림책 수업을 듣는다. 공연을 보기도 하고 아이들과 놀며 시간을 때우기도 한다.

늘 평온하면서도 생기 넘치는 한길문고 속을 보고 있자면, 이 모습을 보지 못하는 한 사람이 생각난다. 한길문고를 세웠던 이민우 대표. 그는 수해를 겪은 다음 해인 2013년, 병으로 세상을 떠났다. 서점이 물에 잠긴 후에 아내에게 "전화 위복 삼아서 잘해보세."라고 했던 남편의 빈자리는 아내인 문지영 대표와 직원들이 채우고 있다.

IT 강국 대한민국, 아침에 주문하면 저녁에 갖다주는 랜선 위의 서점이 편리함을 내세워 유혹해도 군산 사람들은 한길문고로 간다. 부모님과 왔던 서점에 아이와 함께 오고, 딸의 참고서를 사주던 문고에 손녀의 동화책을 고르러 들어선다. 진짜 책을 사든 사지 않든 상관하지 않는다. 한길문고는 지금껏 그래왔듯 '언제든' '마음껏' 머물 수 있는 곳이니까.

17 수송동

수수했던 도시의 화려한 환골탈태

12월 31일 늦은 밤에서 1월 1일이 되기 직전. 열아홉 살 아이들은 수송동 대형마트 뒤편 상가 골목에서 어슬렁거린다. 종로의 보신각 타종을 보러 온 사람들처럼 들떠 있다. 묵직하게 파고드는 종소리는 따로 없다. 십 대들은 스스로 카운트다운을 한다. "5, 4, 3, 2, 1, 우와아아!" 드디어 맞은 스무 살, 갯벌의 칠게처럼 점찍어 놓은 술집으로 쏙 들어가 버린다.

한겨울 밤에도 상점의 출입문은 열려 있는 거나 마찬가지다. 흡연하는 젊은이들이 셀 수 없을 정도로 드나들기 때문이다. 아직도 앳되어 보이는 얼굴들이 상점 앞에 모이면, 시골집 굴뚝에서 나오는 것처럼 담배 연기가 뭉게뭉게 피어오른다. 금요일 밤부터는 영어 학원의 원어민 교사들과 군산 미군기지에서 놀러 나온 젊은 군인들까지 합세한다. 수송동 상가 골목은 거대한 청년으로 보인다.

오래 산 사람에게 낯설어진 동네

수송동은 허허벌판이었다. 그래서 1984년 3월에 개교한 수송초등학교는 단박에 눈에 띄는 웅장한 건물이 됐다. 수송동과 이웃한 흥남동 연립주택에 사는 남자아이들은 방과 후에 수송초등학교에 모여 야구를 했다. 군산역과 가까운 그 동네에는 비 갠 후에 올라오는 죽순처럼 빠른 속도로 연립주택이 지어졌다. 야구 경기는 연립주택별로 팀을 나눠서 진행했다.

군산은 야구의 고장이다. '역전의 명수' 군산상고 선수들의 전설을 듣고 자란 아이들의 실력은 고만고만하지 않았다. 가끔 콜드게임을 당하는 팀이 나왔다. 패배가 익숙하지 않은 아이들은 운동장 한편에 있는 꽃밭에서 야구방망이를 휘둘렀다. 꿀을 빨아 먹다 봉변을 당한 벌들은 독이 오른 아이들을 쏘지 않고 날아갔다.

"연립주택 옥상에서 한눈에 보이는 수송동은 논이 가득하고, 산과 작은 집들이 그 틈을 메꾸고 있었어요."

수송동의 옛 모습 수송동 택지개발이 시작되기 전 수송동은 허허벌판이었다. 너른 논과 밭이 주를 이루며 초등학교 건물이나 연립주택이 높은 건물에 속할 정도였다.

초등학교 다닐 때는 수송초등학교에서 야구를 했고, 지금은 수송동의 대형마트 근처에서 치과를 운영하는 치과의사 박종대 씨는 말했다. 8차선 도로 앞 빌딩에서 십 년 넘게 일하고 있지만, 그의 눈에 비친 수송동은 '양장을 입은 엄니' 같다고 했다. 군산의 중심지가 된 수송동은 예전 모습을 기억하는 사람들에게 가끔은 낯설게 보이는가 보다.

2004년 4월에 시작한 1,223,000㎡(약 37만 평) 크기의 수송동 택지개발은 2007년 하반기에 공사를 마쳤다. 대규모로 조성된 아파트 단지 주변에는 대형마트가 생기고, 군산시보건소와 군산시립도서관이 들어섰다. 각종 금융기관과

편의 시설, 공원이 생겼다. 군산예술의전당, 군산의료원과 같은 권역에 속했다. 전주-군산 고속화도로인 새만금북로와 바로 연결된 덕분에 수송동은 전주, 익산, 군산공항, 새만금, 군산국가산업단지와 더 가까워졌다.

비약한 교육 인프라 구축, 군산의 강남이 된 동네

수송동은 단기간에 '군산의 강남'이 되었다. 망설이지 않고 수송동에 집을 산 사람들은 시대를 앞선 안목이라는 칭송을 받았다. 군산 시내 이삿짐 차들은 수송동 아파트 단지에 짐을 옮기며 하루를 시작했다. 은파호수공원이 보이는 나운동의 아파트에 살던 중년 부부들도 그때 대거 이사를 했다.

아기를 키우는 젊은 부모들은 수송동의 대형마트에서 운영하는 문화센터에 다녔다. 잘 갖춰진 수송동의 생활 및 교육 인프라는 갈수록 눈에 들어왔다. "큰애 학교 들어가기 전에 수송동으로 이사 가자."고 결심할 수밖에 없었다. 실제로 큰아이 취학통지서를 받기 전에 대출을 해서라도 수송동으로 이사 가는 집들이 꽤 많았다.

수송동에는 초등학교 6곳, 중학교 1곳, 고등학교 2곳이 있다. 아파트 단지 가까이에 다양한 학원들이 밀집해 있다.

수송동의 현재 모습 해질 무렵의 수송동. 불을 밝혀 화려해진 건물과 도로 옆으로 군산시 보건소, 각종 체육 시설과 산책로가 잘 꾸며진 군산수송공원이 보인다. 이밖에 군산예술의전당, 군산시립도서관 등 다양한 행정, 편의 시설이 들어선 수송동은 명실상부 군산의 중심지로 떠오르고 있다.

학교 수업을 마친 초등학생들이 혼자 걸어 다녀도 부모들은 안심할 수 있다. 프랜차이즈 학원에 보내기 위해 전주, 세종, 대전, 서울을 오가던 부모들을 만족시켜주는 학원도 수송동에 있다.

전통맛집과 신생맛집이 공존하는 동네

군산은 한강 이남 최초로 독립만세운동을 벌였던 곳이다. 사람들은 자신이 옳다고 생각하는 일에 힘을 보태는 것에 주저하지 않는다. 1987년 6월 항쟁 때 학생들과 시민들은 옛 군산시청 사거리에 모여서 "호헌철폐"와 "독재타도"를 외쳤다. 시청이 이전하고 원도심의 상권이 가라앉으면서 촛불집회는 나운동 시민회관에서 했다. 그러나 2016년 늦가을에서 2017년 3월 초까지 매주 토요일 밤 국정농단을 규탄하는 촛불집회는 수송동의 대형마트 앞에서 열렸다. 사람들은 꽁꽁 언 몸을 풀기 위해 근처 식당에 들어가 따뜻한 음식을 먹었다.

사람이 몰리는 동네답게 맛집도 많다. 장미칼국수, 서울소바, 우정명태 같은 군산의 오래된 맛집은 수송동으로 옮겨오거나 분점을 냈다. 횟집, 레스토랑, 고깃집, 일식집, 해물찜집, 이자카야, 펍, 카페, 베이커리 등의 상점이 수송동의 상가 골목 구석구석에 자리를 잡고 영업을 하고 있다.

미국의 호텔 주방에서 10여 년간 일했던 젊은이가 처음 차린 식당도 수송동에 있다. 요리와 수제 맥주를 배워서 가게를 내는 청년도 수송동에서 시작했다. 프랑스의 요리학교 '르 꼬르동 블루'에서 공부한 청년이 한 달에 두 번씩 친구의 메뉴 개발을 도와주는 피자 가게도 수송동에 있다. 대대로 내려온 음식과 대도시에서 인기를 끄는 음식을 동시에 먹을 수 있는 곳이 수송동이다.

0세부터 70세까지 모두의 동네

"아침에 일어나면, 방안에서 청암산이랑 군산의료원이 다 보여요. 16층 살거든요. 가을에는 누렇게 벼가 익어가는 게 보이고, 겨울에는 논바닥이 막 하얗게 덮여 있으니까 펜션에 온 것 같아요. 내려가서 쭉 허니 둘레길 같은 경포천도 걷고요."

수송동의 아파트 단지에서 즐거운 삶을 살며 정년을 맞은 이희복 씨가 말했다. 교통과 교육의 중심지라 인정받는 수송동은 도농복합도시다. 조금만 나가면 들이 나온다. 강폭을 확장하고 둔치를 조성한 경포천의 물은 점점 맑아지고 있다. 덕분에 어린 시절을 시골에서 보낸 은퇴자들이 굳이 시외로 이사 갈 필요를 못 느끼는 푸근한 동네다.

초등학교 교장 선생님으로 은퇴한 이갑록 씨는 1960~70년대 군산의 초·중학생은 경포천 '아흔아홉다리'에서 놀았다고 했다. 아이들은 바글바글 모여서 멱을 감고, 잠수 오래 하기를 하고, 기차가 올 때까지 다리 위에서 버티다가 다이빙을 했다. 지금 군산에 사는 아이들과 젊은이들에게 수송동은 옛날의 아흔아홉다리와 같다고 했다. 주말마다 서울 홍대거리처럼 들썩이며 다니는 수송동 젊은이들은 추억을 쌓는 중이라고, 꿈을 키우는 거라고.

젊은 부모들은 아이들의 교육을 생각해서 수송동에 산다. 자녀들을 독립시킨 은퇴자들은 '군산의 일번지'에 산다는 자부심으로 수송동을 고수한다. 늦도록 노는 청년들의 소리 때문에 여름에는 아파트 베란다의 창문을 열지 못할 때도 있지만, 젊은이들을 보며 활력도 얻는다. 약 6만여 명이 사는 수송동에는 영유아부터 70대까지의 삶이 각자의 행복으로 채워지고 있다.

18 군산상고
9회 말 투아웃의 역전 신화

2년 뒤에 대한민국의 야구 역사를 새로 쓰게 되리란 걸 몰랐던 1970년 7월, 군산상업고등학교 운동장에서는 야구 감독 취임식을 했다. 연고가 없는 도시에 온 최관수 감독은 스물여덟 살의 젊은이였다. 국가대표였던 그는 어깨 부상 때문에 선수 생활에서 은퇴했다. 야구 명문이던 인천의 동산고등학교를 졸업하고, 기업은행 선수 시절에는 실업 야구 최초로 노히트 노런을 기록한 명투수였다.

최관수 감독은 군산상고 운동장으로 출근했지만 월급은 기업은행에서 받았다. 시민들은 이 작은 도시의 희망을 야구에서 찾는 것 같았다. 향토기업들과 자영업자들은 주거래 은행을 기업은행으로 바꾸고 예금을 맡겼다. 돼지고기 한근 값(당시 300원)을 통장에 넣어서 지인들에게 선물하는 사람들도 있었다. 덕분에 최 감독은 전국에서 가장 예금실적이 뛰어난 행원으로 몇 차례나 뽑혔다.

군산 야구의 뿌리

우리나라에 처음으로 야구를 소개한 사람은 미국인 선교사 필립 질레트(Phillip L. Gillette)였다. 그가 평양 숭실학교 학생들과 YMCA 회원들에게 야구의 씨앗을 뿌린 해는 1904년이었다. 야구는 지역과 남녀를 가리지 않고 넓게 퍼졌다. 1925년 마산 의신여학교 학생들은 진주 시원여학교 학생들과 경기를 치렀다. 이화 백년사에는 '1928년 이화 야구부 3연승'이라는 사진이 기록돼 있다.

군산에 야구가 보급된 건 1910년대였다. 미국인 선교사 전킨이 세운 영명학교에서 학생들은 캐치볼을 하고 경기 규칙을 배웠다. 1921년에는 군산소학교 운동장에서 정식으로 야구 경기를 치렀다. 구암리 기독교청년회와 군산은행이 펼친 경기는 언론에 보도되었다. 일제강점기 때도, 해방 후에도, 군산에서 열린 야구 경기는 기록으로 남아 있다.

바다에 기대서 사는 항구 도시. 내항의 준설토를 퍼낼 예산이 없어서 계속 불경기에 시달리던 1960년대. 이 작은 도시의 경제를 야구로 일으켜 세우겠다고 마음먹은 사람은 전 KBO 총재 대행 이용일 씨였다. 1968년, 경성고무의 경영주에 오른 그는 2천만 원을 선뜻 내놓았다. 그 돈으로 군산 남중과 군산상고에 야구부를 만들었다.

이미 군산초등학교, 중앙초등학교, 군산남초등학교, 금광초등학교에서는 야구부를 만들어서 인재를 키우고 있었다. 초등학교 야구부 감독들은 골목에서, 방과 후 운동장에서 야구하는 아이들을 유심히 보고 스카우트 하기도 했다. 학생들은 노는 것처럼 야구를 실컷 하고, 간식으로 나오는 빵까지 먹을 수 있는 선수 생활을 좋아했다.

역전의 명수, 군산 야구의 새 역사

군산상고 운동장에 가장 먼저 나오는 사람이 최관수 감독이었다. 그는 선수들에게 "뛰어난 선수가 되기에 앞서 도리를 다하는 인간이 돼라."고 가르쳤다. 홈베이스에서 1루, 2루, 3루까지 온 힘을 다해서 선수들과 같이 뛰는 게 몸풀기였다. 겨울에는 선수들에게 무거운 방한화를 신기고 군산 비행장까지 왕복 25km가 넘는 거리를 뛰게 했다. 눈보라가

몰아치고 바닷바람이 미친 듯 불어오는 날이 많았다. 최관수 감독은 달리는 선수들 뒤에서 자전거를 타고 따라가면서 힘을 북돋웠다.

군산상고 야구부는 최관수 감독과 훈련한 지 1년 만에 온 국민에게 이름을 알렸다. 1971년 10월, 전국체전에서 야구 고등부 우승을 했다. 서울이나 영남지역이 항상 패권을 차지하던 시절에 확실한 균열을 냈다. 그 당시 언론은 '한국 야구의 세력 판도를 뿌리부터 흔든 태풍의 눈'이라며 선수들의 투혼과 최 감독의 용병술을 높이 평가했다.

창단 4년째던 1972년 7월, 군산상고 야구부는 촌스러워 보인다는 유니폼을 입고 황금사자기 대회에 나갔다. 프로야구가 없던 시절이었다. 고교야구는 월드컵 대회와 맞먹을 만큼 인기를 누렸고, 전국에 생중계되었다. 군산상고는 처음부터 리드하는 경기를 펼치지 않았다. 초반에는 점수를 못 냈다. 역전을 두 번이나 해서 결승에 올라갔다.

그날은 군산시 전체가 숨죽인 듯 고요했다. 덥고 습한 거리를 걸어 다니는 사람들은 없었다. 택시 기사들은 운행을 멈추고 라디오로 야구 경기를 들었다. 다방에 모여서 농담을 주고받던 사람들까지 진지해져서 침 넘기는 소리가 크게

황금사자기 대회에서 우승한 군산상고 야구부 1972년 군산상고는 마지막 공격에서 역전을 따내며 황금사자기 대회에서 기적 같은 승리를 거뒀다. 당시 군산에는 수많은 축하 현수막이 걸렸다.

들릴 정도였다. 텔레비전이 한두 대밖에 없는 시골은 동네 사람 모두가 한 집에 모여서 경기를 지켜봤다.

군산상고는 야구 잘한다고 칭송 받는 부산고와 결승전 경기를 치렀다. 부산고는 월등하게 치고 나갔다. 지켜보는 군산시민들 애간장은 바짝바짝 타들어갔다. 괜히 주먹을 쥐고, 헛기침을 하고, 마당으로 나가서 서성였다. 사람들이 탄식하는 소리가 들리면 다시 안으로 들어갔다. 그러는 사이에 경기는 9회 말까지 왔다.

스코어는 4 대 1. 경기를 지켜보는 군산시민들은 포기했다. "저만큼 올라간 것도 대단혀. 준우승도 어디 쉬운 줄 알어?"라고 말하는 순간 일은 벌어졌다. 군산상고는 9회 말 마지막 공격에서 4점을 올렸다. 기적 같은 승리였다. 그때부터 군산상고에 '역전의 명수'라는 감격스러운 이름이 붙었다.

"황금사자기가 경부선을 탔는데 갑자기 호남선으로 급커브를 틀었다."

한 언론사가 쓴 기사였다. 군산상고 야구부가 서울에서 내려오고 있을 때 군산역에서부터 중앙로에는 하늘이 보이지 않을 만큼 빡빡하게 축하 현수막이 걸렸다. 군산시민들은 야구 선수들이 내 혈육이나 되는 것처럼 자랑스러워했다. 일제가 물러나고 해방을 맞던 날처럼 감격스러워했다. 그해 여름부터 군산은 야구를 상징하는 도시가 되었다.

영원한 군산 사람 최관수

1979년, 최관수 감독은 군산상고 야구부 감독을 그만두었다. 선수들을 지도한 지 햇수로 10년째였다. 전국 규모 대회에서 우승 6회, 준우승 5회를 이끈 최 감독을 주저앉힌 건 파킨슨병이었다. 군산상고를 졸업하고 현역으로 뛰는 최관수 감독의 제자들이 보은경기를 열어서 치료비를 모으고, 군산시민들도 성금을 보탰다.

최관수 감독은 치료를 위해 미국으로 갔다. 그의 투병은 군산상고의 야구 경기처럼 극적인 기적을 보여주지는 못했다. 병세는 점점 깊어갔다. 그는 말을 더듬었다. 육체적인 쇠락도 눈에 띄었다. 그러나 생계를 위해서 아내와 함께 '홈런세탁소'를 열었다. 태어나고 자란 곳이 아닌 군산에. 고생만 한 아내를 두고 그가 먼 길을 떠난 건 1998년이었다.

'영원한 군산 사람'인 최관수 감독의 영향력은 스러지지

조종안 기자 제공

최관수 감독과 야구부원 군산상고 야구부원들과 나란히 기념사진을 찍은 최관수 감독. 1970년 군산상고 야구부 감독으로 부임한 최관수 감독은 전국 대회 우승 6회, 준우승 5회를 이끌며 군산 야구의 영웅이 되었다.

군산상고(위)와 야구의 거리(아래) 군산상고의 운동장을 내려 보면 야구장이 가장 먼저 눈에 들어온다. 붉은 흙과 잔디로 덮인 필드가 야구에 대한 열정을 표현하는 것 같다. 학교 정문부터 군산상고 네거리까지 이어진 '야구의 거리'는 야구스타 사진과 다양한 조형물, 군산 야구 역사 현판 등을 통해 군산 야구의 특별한 추억을 만날 수 있다.

않았다. 1982년에 출범한 프로야구에서 최초로 홈런왕으로 뽑힌 김봉연 선수는 군산상고에서 활약했던 그의 제자다. 시대를 사로잡았던 김준한, 김일권, 김성한 선수도 최 감독과 같이 학교 뒤편에 있는 월명공원을 같이 오르내리며 훈련했다. 포기할 뻔한 순간마다 최 감독이 일으켜 세운 사람들이었다.

프로야구의 열기가 뜨겁던 1980년대에도 군산시민들은 군산상고 야구부에 정성을 쏟았다. 조화당의 대표 이종남 씨는 선수들의 음식을 챙겨주었다. 대회를 앞둔 선수들에게 로스구이 수십 인분씩 사주는 시민들도 많았다. 군산 시내 중고등학생들은 편지 봉투에 쌀을 모아서 군산상고로 보냈다. 군산상고 야구부가 전국대회에 나가면 학교별로 응원단을 뽑아서 서울로 보냈다. 군산에 남은 학생들은 수업을 빼고 강당에 모였다. 군산상고 선수들이 안타를 치고 점수를 내고 홈런을 칠 때마다 함성을 질렀다.

다시 쓰는 군산 야구의 역사

군산상고 야구부는 전국규모 대회에서 우승컵을 총 16차례 차지했다. 그때마다 시민들은 내 일처럼 기뻐했다. 현수막을 달고, 선수들을 환영하는 퍼레이드에 참여하기 위해 땡볕에서 몇 시간씩 보내며 꽃가루를 날렸다. 다른 도시에 정착해서도 군산을, 군산상고 야구부를, 1972년 황금사자기 대회의 승리를 기억하는 사람들 앞에서는 눈물이 앞선다고 했다.

'역전의 명수들'이 스윙 연습을 하던 군산상고는 그 자리에 있다. 선수들이 날마다 왕복 3시간씩 달렸던 월명공원도 변함없다. 그러나 군산상고의 전설은 희미해지고 있다. 군산상고 야구부와 최관수 감독의 이야기를 바탕으로 한 영화 '야! 지금부터야'가 있다는 것도, 군산이 야구의 도시가 된 이유도 관심 바깥으로 밀려나고 있다.

군산시는 군산상고가 있는 신풍동에 '군산 야구의 거리'를 조성했다. 군산상고 네거리에서 학교 정문까지 100m의 구간이다. 길을 따라 걸으면 반가운 슈퍼스타들을 만날 수 있다.

날마다 그 길을 걸어서 등교하는 야구부 선수들은 선배들이 그랬던 것처럼 대한민국의 야구 역사를 다시 쓰기 위해서 성실하게 훈련한다. 군산상고의 야구 경기는 끝날 때까지 끝난 게 아니니까.

19 월명공원

벚꽃 절경부터 빼어난 설경까지 다 가진 동산

어르신들의 땀 서린 고생담이 의심받은 건 벚꽃 때문이었
다. 월명공원 아랫동네에서 살아온 분들은 단 하루도 쉬지
않고 어판장과 공사장과 노점에서 일했다고 했다. 눈을 뜨
면 나가 일하고, 돌아오면 피곤해서 금세 까무러지기 일쑤
였다. 먹고살기 바빠서 꽃구경 한 번 못 해봤다는 말도 잊지
않으셨다.

　그런데 웬걸! 집집마다 물건을 가득 쌓아놓은 주인 없는
방이나 다락에서 가져온 앨범에서는 벚꽃 핀 월명공원에서
찍은 기념사진이 나왔다. 믿을 수 없을 만큼 젊고 해사했던
사진 속 자신을 마주한 한 어르신은 웃었다.

　"생각이 나들 안 혔는디, 애들 데리고 가긴 갔었고만."

군산 벚꽃놀이의 원조

벚꽃 핀 월명공원은 오랫동안 군산의 명물이었다. 관광버스를 타고 벚꽃을 보러 오는 4월 초순의 관광객들은 흥천사 어귀에서 내렸다. 비둘기집에서 300계단을 올라가면 돛과 불꽃과 선박을 형상화한 수시탑이 나왔다. 군산을 지켜준다는 상징적인 탑에서 내려다보는 월명공원은 벚꽃 천지였다. 마치 구름 위에 떠 있는 것 같았다.

수시탑에서 마주 보이는 꽃길로 2~3분만 내려가면 개항 100주년을 기념하며 만든 바다조각공원이 있고, 그 곁에

월명공원의 벚꽃 흐드러진 벚꽃 사이로 월명공원의 상징인 수시탑이 보인다. 월명공원의 벚꽃 절경은 군산으로 관광을 오는 첫 번째 이유가 될 정도로 유명했다.

는 채만식 문학비가 있다. 군산 임피에서 태어난 채만식은 힘없는 조선 여성을 주인공으로 소설『탁류』를 썼다. 채만식 문학비는 "상여에 생화를 꽂아달라."는 가난한 소설가의 유언을 충실하게 따르고 있다. 탐스러운 벚꽃이 문학비 아래로 질 때쯤에 철쭉이 피고, 100일 동안 세 번이나 피었다가 진다는 배롱나무꽃이 핀다.

월명공원에는 교토 은각사에서 닌넨지까지 이어지는 '철학의길'처럼 고요하고 운치 있는 길이 있다. 그곳처럼 맑은 냇물 소리와 아기자기한 가게는 없지만, 휘어진 길의 양옆에서 함박눈 같은 벚꽃 잎이 수북하게 내린다. 머리와 손바닥에 벚꽃 비를 맞는 군산 사람들은 먼 곳에 사는 친구와 지인들을 생각한다.

"놀러 와." 봄마다 군산 사람들은 그리운 사람들을 초대했다. 벚꽃 만개한 월명공원을 내 것인 양 자랑했다. 귀한 것을 나눠줄 때처럼 뿌듯하고 행복해했다. 그러나 월명공원의 명성도 세월의 흐름을 비껴가지는 못했다. 여행자들은 새만금 공사가 끝난 뒤로 차로 갈 수 있는 선유도나 근대문화를 복원한 월명동 골목에 더 빠져들었다.

월명공원을 속속들이 잘 아는 군산 사람들은 비밀장소를

발굴했다. 수시탑 아래 산동네가 사라진 자리에는 산책로가 생기고 정자가 세워졌다. 봄날, 동산중학교 뒤쪽으로 오르막길을 한참 올라가면 대단한 풍경이 나온다. 허리에 온통 벚꽃을 두르고 누워 있는 거인 같은 모습이다. 이 기막힌 풍경을 아는 사람은 벚꽃 필 무렵 여전히 월명공원을 찾는다. 월명공원의 벚꽃이 군산 벚꽃놀이의 원조임을 자랑하면서.

동네 뒷산에 벚꽃을 심은 까닭

처음에 월명공원은 동네 뒷산이었다. 개항 이후에야 공원이라는 이름을 달았다. 군산항을 열기 전부터 일본인들은 차츰차츰 들어와 군산의 땅 주인 노릇을 했다. 일본 왕이 다스리는 모든 땅에 벚꽃이 피길 바란 그들은 월명공원의 아름드리 소나무를 베어내고 벚나무를 심었다. 벚꽃이 피면, 따가닥 소리가 나는 일본 나막신 게다를 신고서 월명공원으로 몰려들었다. 기모노를 입고서 으스대며 정종을 마시고 춤을 추던 일본인들은 패망하고야 그들의 나라로 돌아갔다. 남기고 간 벚꽃은 오롯이 우리 차지가 됐다.

공원에는 장계산, 점방산, 월명산, 설림산, 석치산이 있다. 전부 해발 100m 안팎의 부드러운 능선이다. 꼭대기에서 서해와 월명호수를 동시에 볼 수 있는 점방산에는 봉수대가 있었다. 고려 말에 왜구는 몇백 척의 배를 타고 군산까지 쳐들어왔다. 식량을 약탈해 가고, 마을에 불을 지르고, 백성들을 해쳤다. 사람들은 정보를 주고받기 위해 봉수대를 만들었다. 그러니까 일본이 군산을 수탈한 역사는 일제강점기보다 500여 년 앞서 있던 셈이다.

6·25전쟁을 거치고 보릿고개를 겪은 나라 곳곳의 사람들은 "군산 가면 먹고살 길이 있다."는 풍문을 듣고 신흥동과 해망동 산동네로 왔다. 그때도 젊은이들은 사랑을 하고 미래를 꿈꿨다. 결혼을 반대하는 아버지가 딸의 머리를 깎아서 방에 가둬놓으면 청년은 사랑하는 여인의 손을 잡고 월명공원으로 도망쳤다. 모여 있는 마을의 불빛을 내려다보며 "우리도 꼭 백년해로하자."는 사랑의 맹세를 주고받았다. 손을 잡고 공원을 걷는 두 사람에게 봄날의 벚꽃은 더없이 아름다웠다.

월명공원은 바다에서 불어오는 칼바람을 순하게 조련해서 산동네로 보냈다. 바람이 많이 분 다음 날이면 아이들은 갈퀴를 들고 공원 자락으로 갔다. 바람결에 떨어진 잔 나뭇가지와 나뭇잎을 긁어다가 부엌에 쟁였다. 긴긴 여름날, 땀

을 뻘뻘 흘리며 놀다 온 아이들을 낮잠 들게 해 준 것도 공
원에서 내려오는 선들바람이었다.

아름드리 소나무가 사라진 자리에 들어선 벚나무 얘기를
들으면, 아픈 역사에 미안한 마음이 드는 것 말고는 모든 것
이 그대로였다. 친근했던 뒷산은 모두의 공원이 되고, 침략
자를 맞았다가 다시 찾은 후에도 여전히 다정하고 따뜻했다.

군산의 로마, 모든 길은 월명공원으로 통한다

군산 시내를 등뼈처럼 단단하게 아우르고 있는 77만 평의
월명공원은 금동, 신흥동, 해망동, 문화동, 나운동, 소룡동
과 만난다. 저마다 집에서 공원 쪽으로 가다 보면 비공식적
인 공원 어귀에 닿는다. 금성교회길이나 흥천사길 같은 공
식적인 입구도 따로 있다. 벚나무와 편백이 늘어선 길을 걸
을 수 있고, 호수를 끼고 돌 수도 있다. 곳곳에는 벤치와 정
원과 아이들 놀이 시설이 있다.

군산상고 야구부 학생들은 공원에서 체력 훈련을 한다.
젊은 부모와 아이들이 가위바위보 게임을 하며 오르는 300
계단은 학생들에게 최적의 훈련장소다. 학교 이름이 새겨
진 운동복을 입은 학생들은 가쁜 숨을 몰아쉬며 터질 듯한

國 립 공 원

월명호수 1912년 식수 공급을 위해 만든 수원지였으나 공급을 중단하면서 호수가 되었다. 우리나라에서 유일하게 도심 속 산 위에 위치한 호수로, 호수를 둘러 놓인 산책로는 사계절 아름다운 풍경을 함께할 수 있는 산책길로 인기를 끌고 있다.

종아리로 계단을 오른다. 꿈을 방해하고 싶지 않은 시민들은 자리를 비켜주면서 학생들을 응원한다.

보육 시설에 다니는 아이들도 수없이 월명공원에 간다. 숲 놀이를 하면서 서너 가지의 꽃과 나무와 새 이름을 헷갈리지 않고 말한다. 낙엽 속에서 뒹굴어도 보고, 나뭇가지로 기지를 만들기도 한다. 옛날 아이들과 똑같다. 첫눈 오는 날 친구와 만나기로 한 약속을 지키기 위해 왕버들 나무가 있는 월명호수에서 꼬박 눈을 맞는 날도 있다.

우리나라에서 유일하게 도심의 산 위에 위치한 월명호

수는 공원을 돋보이게 하는 역할을 맡고 있다. 처음부터 아름다움을 추구하는 호수는 아니었다. 1912년, 우물물을 먹는 사람들에게 식수를 공급하기 위해 만든 수원지였다. 연간 10만 명을 동원해서 2년 반 동안 만든 수원지는 80여 년 동안 군산시민들에게 식수를 제공했다. 2005년 11월, 근대 초기산업시설물인 수원지의 제방과 수문(수위 측정탑)은 국가등록문화재 제207호로 지정되었다. 군산시민들은 국가등록문화재인 월명호수의 제방을 사시사철 걷고 있다.

월명공원의 사계

만날 똑같아 보이는 일상이 모여 한 계절이 된다. 그때마다 공원의 표정은 바뀐다. 무뚝뚝해 보이는 메마른 산에 진달래가 피면 날이 풀리기 시작한다. 뒤이어 벚꽃 잎이 눈발처럼 휘날리다가 사라진다. 물안개는 덩굴장미꽃을 만나고 나서야 확실하게 퇴장한다. 날씨는 차츰 더워지고, 공원을 걷는 사람들 몸은 끈적끈적해진다. 하늘이 높고 날씨는 상쾌해서 월명공원에 오는 맛을 느끼게 해주는 가을은 빨리 지나간다.

내가 가장 사랑하는 월명공원의 계절은 겨울이다. '오늘

월명호수의 겨울 눈 쌓인 월명호수 위로 나무 데크로 만든 산책로가 멀리 보인다. 월명공원의 설경은 벚꽃 풍경만큼 아름답다고 소문나 있다. 특히 호수와 눈 덮인 나무가 어우러진 풍경을 보기 위해 산책로를 찾는 사람이 많다.

도 한 바퀴 걸었다.'는 성취감 말고는 얻을 게 없을 것 같은 초겨울, 공원에는 숨겨있던 보물이 드러난다. 일교차가 클수록 아름답게 피어나는 물안개는 호수와 수련을 몽환적으로 만든다. 프랑스 화가 모네가 가꾸고 그린 '모네의 정원' 같다.

완전히 얼어붙은 호수 위로는 눈이 쌓인다. 소복해진 눈 위로 대범한 사람들이 호수의 끝까지 걸어간 발자국이 남아 있다. 선명한 발자국에 안심한 사람들은 호수의 귀퉁이에서 썰매를 타고 눈사람을 만든다. 다음 봄, 호수 위로 드리워질 벚꽃을 기다리면서.

20 나포 십자뜰

전 세계 오직 하나뿐인 철새 군무

마음을 다친 사람은 멍하니 먼 곳을 응시한다. 아득한 곳에 모여 있는 불빛은 항상 평화롭다. 그 안에서 치열하게 살아가는 사람들의 모습은 보이지 않는다. '떨어져 있는 존재는 내게 상처를 줄 수 없구나.' 마음의 살갗이 벗겨져 쓰라린 사람은 먼 곳에서 위로를 얻는다.

전북 군산시 나포면 옥곤리 905-3 나포 십자뜰 철새관찰소. 해가 떨어지기 전부터 수십 명이 모여 있다. 패딩점퍼를 두 벌씩 껴입고, 귀마개를 하고, 털모자를 쓰고, 카메라를 삼각대에 고정해 놓은 사진가들은 금강을 하염없이 지켜보고만 있다. 이곳에 오기 전 있었던 힘든 일이나 돌아가자마자 해야 할 업무 따위는 생각하지 않는 것 같다.

사방 막힌 데 없이 트여 있는 곳. 강바람은 공평하게 사람들을 파고들어서 얼얼한 코끝과 손끝, 발끝을 사정없이 건든다. 도심 속에선 흔한 모습일 테지만, 중무장한 사진가들 사이에서 스마트폰 하나만 덜렁 들고 발을 동동거리는 사람들은 금세 눈에 띈다. 서로 눈이 마주치면 인사를 건넨다. "어디서 왔어요?" 나한테 질문한 사람은 서울에서 왔다고 했다. 오로지 가창오리 하나를 보러 왔다면서 부러운 마음을 참지 않았다.

"군산에 살면 좋으시겠어요. 힘들 때마다 이렇게 새 보러 오고 얼마나 좋습니까?"

우리나라 풍경 사진의 끝판왕

군산 사람들도 시베리아 캄차카반도에서 2,500여 km를 날아서 나포 십자뜰에 도착한 철새 소식을 뉴스로 접한다. 노을이 지는 금강하구에서 무리 지어 나는 가창오리 사진을 보고는 마음이 동한다. '올겨울에는 꼭 보러 가야지.' 하지만 어느새 이듬해 봄, 가창오리는 살던 곳으로 돌아간 뒤다.

11월이 돌아오고 포털 뉴스에 다시 가창오리 군무 사진이 실린다. "이래도 안 보러 올 거야?"라고 묻는 것 같다. 군산 사람들은 어느 주말 오후에 마트 가는 것처럼 대충 껴입고 나포 십자뜰 철새관찰소에 간다. 2차선 도로 양쪽에는 주차된 자동차로 가득하다. 금강을 바라보는 제방 위에는 사진가들이 벌써 자리를 잡고 있다.

"오늘은 작품이 나올까요?" 사진가들의 대화는 한 가지다. 어제나 그제, 또는 일주일 전에는 원하는 사진을 찍지 못했다는 뜻이다. 좌절에 단련된 사진가들은 오들오들 떨면서 코를 훌쩍이는 허술한 차림의 사람들에게 친절을 베푼다. 십자뜰의 가창오리 군무는 우리나라 풍경 사진의 끝판왕이

물 위에 떠 있는 가창오리 떼 밤에 먹이 활동을 시작하는 가창오리는 낮에 주로 물 위에서 잠을 잔다. 물 위에 빼곡히 모인 가창오리 떼는 강 위의 검은 섬처럼 보이기도 한다.

라고, 영국 BBC에서 '오직 대한민국에서만 볼 수 있는 세계 자연의 경이로운 순간'으로 선정했다는 사실도 알려준다.

빠르게 터지는 셔터 소리를 따라 시선을 돌리면 저 멀리 강 한가운데 가무스름하고 길게 솟아난 땅이 보인다. 강 위에 뜬 작은 섬 같다. 하지만 망원경이나 카메라 망원렌즈로 보면 검은 땅은 움직인다. 가창오리 떼다.

환경부 지정 멸종위기야생생물 2급으로 보호받는 철새. 까만 점처럼 보이지만 몸길이는 40~44cm, 날개는 20cm 정도가 된다. 몸통보다 날개가 작아서 목을 길게 빼고 난다.

물 위에 떠 있던 섬이 점점 높이 오른다. 하늘에 떠다닌다. 가창오리 떼가 자세를 달리할 때마다 옆에서 작은 탄성이 쏟아진다. 절로 나온 소리지만 최대한 절제한 소리다. 사방으로 카메라 셔터 소리가 끊임없이 이어진다. 그간의 실패를 깨끗이 잊게 할 풍경 사진 끝판왕 등판에 기대가 튼다.

해가 져야 시작되는 군무

전 세계 가창오리의 약 95%가 우리나라에서 겨울을 지낸다. 특히 손꼽히는 철새들의 월동지는 금강하구. 1990년에 하굿둑이 완공되고부터다. 넓은 강폭은 가창오리들의 은신

가창오리 군무 어스름 지는 해를 배경으로 날아오른 가창오리 떼가 군무를 펼치며 장관을 연출한다. BBC에서는 이 장면을 '오직 대한민국에서만 볼 수 있는 세계 자연의 경이로운 순간'으로 선정했다.

처로 좋았다. 어지간한 추위에는 강물이 얼지 않아서 천혜의 장소였다.

가창오리는 '일찍 일어나는 새가 벌레를 잡는다.'는 속담을 비껴간다. 해가 떠 있을 때는 천적을 피하느라 강물 위에서 잠을 자거나 쉬다가, 해 떨어지는 시간에야 슬슬 몸을 푼다. 사람들은 그 전에 나포 십자뜰로 모여서 새들의 움직임을 살피고 있다. 그러나 가창오리들은 호락호락하지 않다. 어느 날은 익산 웅포 쪽에서 날 준비를 하고, 어느 날은 금강대교 쪽으로 이동해 버린다.

강바람은 물 먹인 버드나무처럼 찰싹찰싹 사람들 뺨에 달라붙는다. 덤덤한 표정의 하늘도 서서히 붉어진다. 물빛도 하늘빛을 따라서 볼그족족해진다. 축지법을 쓰듯 물 위에서 움직이던 가창오리들이 '이건 맛보기야.'라는 듯 살짝만 강 위로 떴다가 내려앉는다. 사람들은 다시 날 때까지 숨죽이고 기다린다. 가창오리는 힘차게 날아오를 듯하다가 다시 내려앉는다. 한차례 진통을 겪은 산모가 깜빡 잠이 드는 것처럼 금강은 고요해진다. 폭풍 전야 같은 적막을 깨는 것은 물결. 가창오리 떼는 몸통에 힘을 싣고서 술렁술렁 파도타기를 하는 모양이다.

"새들이 깜깜해지기 전에 잠잘 곳을 찾는 거야."

젊은 아빠가 유치원생으로 보이는 아이의 콧물을 닦아주면서 설명을 붙였다. 오해다. 가창오리는 어두워져야 먹고 사는 일을 시작한다. 해가 지면 무리를 지어 들판으로 이동해서 낟알을 먹는다.

나포 십자뜰에 처음 온다면 '금강철새조망대'에 먼저 들르는 것도 추천한다. 가창오리의 생김새부터 다양한 이야기를 볼 수 있다. 가창오리의 뼈는 비어 있고 가벼워서 날기에 적당하다. 깃털에서는 유분이 나와서 물에 젖지 않는다. 물속에 있는 다리는 몸보다 체온이 낮아서 얼지 않고 추위를 견뎌낸다. 자동차를 타고 쫓아다니는 사람들을 경계할 만큼 똑똑하지만, 남획과 서식지 파괴로 개체 수는 해마다 줄고 있다. 아름다운 풍경을 눈앞에 두고 드는 유일한 걱정이다.

한 마리도 낙오되지 않을 때까지

주홍색 해가 수평선 너머로 완전히 사라지기 전에 가창오리들의 움직임은 빨라진다. 흰 도화지 위에 철가루를 뿌려놓고 자석으로 조종하면 자기장을 따라다니는 철가루 같다. 수십만 마리의 가창오리는 어떻게든 합체한다. 하늘을 나는 고래 같다가 대열을 벌려서 이내 두 마리의 용이 된다. 몇 초 만에 전투기처럼 날렵해져서 재빠르게 날고는 흩어진다. 어두컴컴한 물빛 색과 똑같아져서 형체를 안 보여주다가 가오리 같은 모습으로 나타난다. 입을 벌리고 쳐다보게 되는 비행접시, 녹아내리는 것 같은 눈사람, 평온해 보이는 굴뚝 연기가 된다.

가창오리의 현란한 군무는 포획자에게 잡아먹히지 않으려는 위장 전술이다. 우아한 생존전략을 쓰는 이 철새들은 제대로 날아오르지 못해 강 위아래로 떴다 내려앉는 소수의 가창오리를 끈질기게 기다린다. 마침내는 한 마리도 낙오시키지 않고 한꺼번에 날아오른다. 가창오리의 날갯짓과 바람 소리가 합쳐진다. 바로 위로 비행기가 지나가는 것 같은 굉음이 들린다.

하늘을 새까맣게 덮은 가창오리들은 충돌하지 않고 날아간다. 군산시가 십자뜰에 심어놓은 겨울보리나 추수하고 남은 곡식 낟알을 먹는다. 저 멀리 김제 평야까지 날아갔다가 이른 아침에 돌아오기도 한다. 시베리아로 돌아가야 하는 3월 초에는 최고로 박력 있는 군무를 보여준다.

해는 날마다 진다. 가창오리는 해가 지길 기다렸다가 겨우내 하루도 쉬지 않고 먹이 활동을 한다. 하지만 아름다운 가창오리 군무를 늘 볼 수 있는 것은 아니다. 그럼에도 허탕을 쳤다고 가창오리를 탓하는 사람은 없다. 기다리면서 설렜으니까. 눈앞의 추위에 떨며 멀리 일상에서 입은 상처를 잠시 잊었으니까. 오늘 못 보면 다시 와서 보면 된다는 여유를 얻었으니까. 나포 십자뜰에서 보낸 겨울 오후는 인생의 행운으로 남는다.

21 대야시장

군산 유일 오일장, 시골 장터의 살아 있는 맛

혼자 있는 사람보다 모여 있는 사람들이 밥 먹는 시간을 더 즐거워한다. 하던 일을 멈추고 식당으로 몰려갈 때부터 기분이 산뜻해진다. 음식을 마주하고는 싹싹하게 말한다. "잘 먹겠습니다!" 허공에 외친 그 말을 들어야 하는 이들은 농사를 짓고, 약초를 캐고, 소와 돼지를 기르고, 물고기를 잡고 있다. 하지만 완전히 다른 세계에 있을 것 같은 그들은 의외로 가까운 곳에 있다. 오일장이 서는 전국 곳곳에서 만날 수 있으니까.

"어머, 자연인이신가 봐요! 사람보다 큰 칡을 어떻게 캔 거예요?"

구경삼아 오일장에 온 여행자는 좌판 앞에서 묻는다. 지나던 이들도 작두 같은 칼로 칡을 써는 아저씨 앞에 멈춘다. 손마디가 굵은 아저씨의 직업은 농부고, 농한기 때만 칡을 캔 지 20년째다. 축구선수 장딴지처럼 두꺼운 칡은 주로 깊은 산에서 자란다. 포클레인을 쓰지 않고 사나흘에 걸쳐서 삽으로 조심조심 파야 한다. 옛날 사람들이 장터에서 전기수 이야기를 공짜로 듣지 않았던 것처럼, 사람들은 자연스럽게 물 한 방울 섞지 않고 짰다는 칡즙을 산다.

군산에서 유일한 오일장

대야는 서해안 고속도로 동군산 나들목 근처에 있다. 교통의 요충지답게 충남 서천, 전북 김제와 가깝다. 전주 군산 간 고속화도로 덕분에 익산도 눈 깜짝할 사이에 닿는다. 주변의 여행자들까지 합세하는 대야시장에는 물건도 많고, 사람도 많다. 1일과 6일에 서는 장날에 맞춰서 선거 때는 후보자와 운동원들이 시간대별로 온다. 줄을 맞춰 서서 인사하고 춤을 춘다.

오일장은 조선 후기에 이미 1,000여 개가 넘었다. 오랜 역사를 가진 다른 장에 비하면 대야시장은 청년이다. 1965년에 대야 검문소에서 임피 쪽으로 이어진 도로의 왼쪽에 생긴 장에서 처음 시작했다. 하지만 물건을 사러 온 사람들은 530평 부지에 안정적으로 들어선 장을 선호하지 않은 모양이었다. 지금 같은 대형마트가 없던 시대여서 그랬는지, 틀에 박힌 시장을 답답하게 여겼다. 눈치가 빠른 상인과 노점상들은 정해진 장터에서 빠져나와 도로 양편에 물건을 놓고 장사를 했다. 대야장은 결국 대야 파출소에서 대야 횟집까지 약 300m가량 마주 보고 있는 긴 시장의 형태로 바뀌었다.

대야시장은 채소, 생선, 육류, 의류, 간식, 건어물, 식당

대야전통시장 입구 모습 군산 유일한 오일장인 대야시장은 1965년에 처음 서기 시작했다. 손님을 찾아 도로 양편에 물건을 펼쳐 장사를 시작했던 것이 지금은 입구에 커다란 간판까지 생겼다. 매월 장이 서는 날도 간판에 쓰여 있다.

이 분야 별로 나뉘어 있지 않다. 시장의 가장 앞에는 낭만적이게도 꽃가게가 있다. 가게와 가게 사이의 좌판에서도 꽃과 모종을 팔고 있다. 때로는 바닷가 도시답게 주꾸미와 홍어, 바지락과 꼬막, 농어, 숭어, 꽃게, 전어, 가자미를 파는 생선 좌판이 첫들머리를 차지할 때도 있다.

여행자들은 박대를 가리키며 "이게 뭐예요?"라고 많이 물었다. 박대는 군산 아기들이 이유식 할 때부터 먹는 생선이다. 서해에서 잡아 껍질을 벗겨서 자연건조시켰다가 프라이팬에 구워 먹는다. 박대는 고등어처럼 요란한 냄새를 풍기지 않는다. 꽁치처럼 잔가시 공격이 많지도 않다. 한쪽 살을 발라 먹고는 그대로 꼬랑지 뼈를 잡아 올리면 깨끗하게 발라진다. 납작하고 눈이 모여서 순해 보이는 이 생선은 사실 야망을 품고 있었다. 굴비나 과메기처럼 전국구가 되고 싶어 했는데, 그걸 알아봐 주는 외지 사람들이 늘어서 개별 포장해 팔기도 한다.

단골에게도, 여행객에게도 참 재미있는 시장

느긋하게 대야시장을 구경하며 걷는 사람들은 일제히 걸음을 멈춘다. "뻥!" 그 옛날에 듣던 소리를 듣게 되다니, 감격

해서 소리를 찾아가 본다. 시장 어귀에서 조금 들어간 곳에 뻥튀기 기계 두 대를 내놓고 영업하는 가게가 있다. 직접 농사지은 쌀이며 콩이며 옥수수를 맡긴 할머니들은 미용실의 파마 보자기를 머리에 둘러쓰고는 웃고 있다. 지나다 놀라는 사람과 달리, 몇 분 뒤 벌어질 일을 훤히 알고 있는 사람 특유의 여유다.

물건 구경만큼 재미있는 게 먹는 재미다. 대야시장에는 '심봉사가 먹고 눈떴다.'는 장터국수와 장터짜장면을 파는 식당이 있다. 간판도 제대로 없어 아는 사람만 찾아갈 수 있다는 '시장국수집'도 일부러 찾는 대야시장 맛집 중 하나다. 곱게 차려입은 중년의 부부도, 오일장의 특이점을 찾아서 인증사진을 찍으려는 이십 대 커플도 맛있게 먹는다. 식당을 나서는 걸음이 뿌듯하다. 하지만 얼마 안 가서 이 섣부른 행동을 후회한다. 장의 뒤편으로 갈수록 꽈배기, 쑥떡, 옛날 통닭, 수제 어묵, 핫도그 등을 파는 곳이 군데군데 손짓한다.

대야시장의 끄트머리에는 최신 옷가게가 있다. 도시에서 자란 아이들에게 옷 쇼핑 순서란 브랜드 매장에서 고른 옷을 엄마랑 같이 피팅룸에 들어가서 갈아입고 나오는 것 정도가 되겠지만, 노점에서의 피팅룸은 옷을 걸어둔 행거와

행거 사이다. 벽도 문도 엄마가 넓게 펼쳐 가린 치마폭이 대신한다. 그런데도 어린아이들은 유행하는 캐릭터 티셔츠나 트레이닝복 앞에서 발걸음을 떼지 못한다. 휑히 뚫린 피팅룸에서 새 옷으로 갈아입은 아이는 엄마 손을 잡고 팔짝팔짝 뛴다.

"새댁! 이거 한 번 들어 봐. 돈 달라고 안 혀. 엄청 무겁고 꽉 찼잖여."

점심시간이 지나면 대야 인근에서 직접 키운 채소를 갖

대야시장 국수 대야시장의 국숫집들은 이미 맛집으로 입소문이 나 있다. 국수 한 그릇에 3,000~3,500원 정도의 저렴한 가격에 푸짐한 양, 감탄을 부르는 맛으로 일부러 찾아오는 사람도 많다.

고 나온 할머니들은 적극적으로 손님들을 붙잡는다. 실하게 보이는 배추나 무를 사람들의 코앞으로 들이댄다. '그냥 갈까?' 속으로 고민하는 어르신도 보인다. 상자 안에는 집에서 기르던 개가 낳은 것으로 짐작되는 강아지들이 들어 있다. 어미 젖 뗀 지 얼마 안 된 강아지를 팔아야 하는 주인 마음이 편하지만은 않겠지 짐작해본다.

시장의 활기는 파장 직전까지 이어진다. 어디에다 뒀는지 항상 기억이 안 나서 자꾸 사게 되는 자잘한 농기구, 1초 만에 바늘구멍에 실을 꿸 수 있다는 작은 기계, 다양한 '스뎅'냄비와 고슬고슬하게 밥이 지어지는 돌솥, 화려한 꽃무늬 일복과 궁둥이에 붙이고 앉는 의자들을 파는 노점마다 사람들이 멈춰 있다. 마지막 노점에서 큰길을 건너면 갓길에서 유실수와 각종 묘목을 파는 곳이 또 나온다.

추억과 미래를 아우르는 만물장
옛날 오일장은 걸어서 하루 걸리는 옆 동네 장과 날짜가 겹치지 않았다. 그래서 화장품이나 패물을 봇짐에 지거나 미역과 생선, 소금을 등짐에 진 보부상들은 걸어서 이웃 장에 도착해 좌판을 벌였다. 21세기에도 보부상은 사라지지 않았다.

온갖 물건을 트럭에 싣고 대야시장을 비롯한 서천장, 함열장, 익산 북부장, 연무장, 삼례장 같은 오일장을 다닌다.

대야시장에는 진짜로 없는 게 없다. 커다랗고 빨간 대야에 베트남 물고기를 담아 오는 상인도 있다. 국제결혼을 해서 군산과 인근 도시에 정착한 앳된 얼굴의 베트남 여성들은 긴 생머리를 한쪽으로 묶고 쪼그려 앉아서 고향 사람 만난 듯 물고기를 반가워한다. 사진을 찍어서 메신저로 누군가에게 보내고는 사이좋게 한두 마리씩 사 간다.

오일장은 계절에 더욱 민감하다. 오로지 그때에만 먹을 수 있는 식재료가 가까운 바다와 들에서 나온다. 젊은 부부를 앞세운 중년의 어머니들은 양손 가득 채소와 생선과 고기를 산다. 당신 손으로 자식들을 먹인다는 생각에 활력이 넘친다.

상점과 상점, 노점과 노점 사이에는 지붕이 없다. 눈비가 오면 사람들 발걸음은 빨라진다. 봄에는 길 건너에 흐드러지게 피어 있던 벚꽃 잎이 대야시장까지 사뿐하게 날아온다. 물건을 많이 사서 느리게 걷는 사람들 머리 위로 듬성듬성 흰 꽃잎이 내려앉는다. 누구를 불러서 같이 먹을까? 장에서 집으로 돌아가는 사람들은 다정한 얼굴들을 떠올린다.

22 임피역

일제 수탈의 통로에서 기차가 다니지 않는 간이역으로

임피역은 군산시 임피면 술산리의 최고령 어르신이다. 한 세기 동안 시간을 칼 같이 지켜온 임피역은 그림자마저 우아하다. 여행자들은 광장에 드리워진 임피역의 긴 그림자와 풍모를 동시에 찍으려고 무릎을 꿇는다. 새들에게 둥지를 두 개나 틀게 한 은행나무는 그런 역을 뒤에서 묵묵히 지켜보고 있다.

독일의 한 마을 사람들은 매일 오후 3시 30분에 산책하는 철학자 칸트 덕분에 시간을 짐작했다. 술산리 사람들은 임피역 덕분에 이른 아침, 한낮, 해 질 녘을 가리지 않고 시간을 어림잡을 수 있었다. 임피역은 전성기가 한창 지났을 때도 하루에 열여섯 번씩 시간을 알려주었다.

아이들은 임피역을 보고 시간을 배웠다. 하필 아침잠 많은 고등학생이 되면 새벽마다 임피역과 대면해야 했다. 4km나 떨어진 마을에서 걸어온다거나 시험공부를 하다가 늦잠을 잤다거나 하는 사정을 말해도 임피역은 봐주지 않았다. 학생들은 교과서와 도시락을 두 개씩 넣은 가방을 옆구리에 끼고서는 운동회 날의 계주 선수들처럼 전속력으로 달렸다.

1924년 간이역으로 문을 연 임피역

술산리를 둘러싼 임피, 서수, 대야에는 끝없이 너른 들판이 펼쳐져 있다. 욕망을 억누를 필요가 없는 일본인들은 눈독 들인 땅을 빼앗아 대규모 농장을 운영했다. 수확한 쌀을 저장하기 위해 미곡 창고를 짓고, 도정할 정미소를 지었다. 쌀을 군산항까지 실어 나르기 위한 철도도 필요했다. 1924년, 전라선의 간이역인 임피역이 술산리에 들어선 이유였다.

전라선 화물의 80%는 쌀이었다. 우리 농민들은 임피역 앞 미곡창고로 나락가마니를 날랐다. 깻묵을 먹으며 자란 한 소년은 오래 주려서 바싹 야윈 아버지를 면발치서 보았다. 대나무를 죽창처럼 손바닥만 하게 깎아서 가마니에 툭

집어넣었다. 빼낸 낟알은 아버지의 허리춤으로 들어갔고, 일본인들은 먹이를 낚아채는 매처럼 아버지를 패대기친 뒤에 몽둥이찜질을 했다.

1927년, 임피 옆 서수면의 이엽사 농장주인 시라세이는 비료값, 물값, 운반대금, 지세 등의 부담까지 농민들에게 떠넘겼다. 다 제하면 손에 쥐는 게 없는 옥구 농민들은 75%나 되는 소작료를 40%~50%로 내려달라고 요구했다. 일본인 시라세이가 거절하자 수백 명의 농민들이 맞서 싸운 게 1927년 있었던 옥구농민항쟁이다.

1936년에 보통역으로 승격한 임피역은 서양식 간이역과 일본식 가옥을 결합한 지금의 형태로 다시 지어졌다. 일제 강점기에 술산리에서 태어난 한 어르신은 "암만, 달라진 것이 있들 안 혀."라고 했다. 어릴 때 어른들한테 들은 이야기까지 기억하고 있었다. 임피역사의 벽은 대나무를 엮어서 석회를 바르고 다시 시멘트를 발라서 튼튼하다고 했다.

아름답고 정갈하게 세워진 임피역은 나라 없는 사람들에게는 '눈물 단추'였다. 내 목숨과도 바꿀 수 없는 아들들은 기차를 타고 징용이나 징병에 끌려갔다. 기차 지나가는 소리를 들을 때마다 행여 나쁜 소식이 실려 올까 봐 가슴이 철렁 내려앉았다. 해방 후에 누구네 집 아들은 끝내 돌아오지 못했고, 누구네 집 아들은 돌아왔지만 몸이 성하지 않았다.

유일한 교통수단의 기억

오래도록 임피, 서수, 술산 지역의 교통수단은 기차뿐이었다. 농사지은 채소를 팔 수 있는 시장도 기차를 타고 가야 했고, 군산으로 출퇴근하는 사람들도 새벽 기차를 타야 했다. 인천이나 서울 같은 대도시로 아주 떠나는 사람들도 짐보따리를 들고 임피역에서 기차를 탔다. 군산이나 익산에 있는 고등학교로 진학한 학생들은 무조건 기차를 타야 했다.

"하루에 승차권 끊고 타는 학생들이 300명은 됐는디, 무임승차도 많이 혔어요. 잡들 못 혀. 기차 올 시간에 동서남북에서 한꺼분에 뛰어오잖여. 익산이나 군산에 도착하면 기차가 끄치기(멈추기) 전에 내려갖고 도망을 쳐요. 그때는 시골에 참 돈이 없었으니께. 보리농사 끝나야 다들 밀린 납부금을 냈응게요."

임피역에서 정년퇴직했던 안원치 씨가 말했다. 1939년에 술산에서 태어난 그는 기차를 타고 익산에 있는 고등학교에 다녔다. 공군으로 복무한 뒤에 시험을 봐서 역무원이 되었다. 임피역에는 각각 여덟 명의 역무원과 선로반원이 24시간 교대 근무를 했다. 역무원들은 교복 입은 학생들 얼굴을 거의 다 알았다. 1시간을 걸어서 오는 학생들이 눈에 안 보이는 새벽이면, 기차가 못 가게 1~2분씩 잡아준 적도 있다.

임피역의 옛날 화장실 앞에서부터 지금의 정자 자리까지는 방죽이 있었다. 임피라는 이름도 '방죽에 접한 곳'이라는 뜻이다. 옛날 어른들은 거위나 오리가 드나들면서 똥을 누는 방죽에만 연이 자란다고 했다. 다행히도 임피역 방죽에는 연꽃이 피었다. 일본이 물러간 뒤에 전쟁을 겪고 보릿고개를 넘는 사람들은 방죽의 연밥을 끊어다가 먹었다. 큰비가 한 번씩 내리면 가물치, 잉어, 미꾸라지, 붕어가 수로를 타고 방죽까지 올라왔다. 팔뚝보다 굵은 가물치를 잡는 날에는 술 한 잔씩 한 아저씨들의 호쾌한 웃음소리가 이어졌다.

호시절에는 임피역 건너 술산초등학교 학생이 천 명도 넘었다. 임피역을 끼고서 농협, 양조장, 지소, 대한통운이 있었다. 1947년에 술산리에서 태어난 강옥술 씨는 평생을 임피역 대한통운 하치장에서 일했다. 하루에도 셀 수 없이 많은 쌀가마니와 비료 포대와 정부미를 옮겼다. 익산 황등의 고구마도 임피역 통운에 도착해서 서울로 보내졌다. 선

임피역 한때 임피 지역의 유일한 교통수단으로 학생, 직장인, 농부, 장사꾼 등 다양한 사람으로 북적였던 임피역은 2008년 모든 열차 운행을 중단한 후, 고즈넉한 간이역의 모습으로 남아 있다.

술집을 겸한 정육점과 상점들은 밤 10시 넘어서까지 불을 밝히고 장사했다. 술산리의 초가지붕들은 한밤중에도 둥그런 윤곽이 보일 정도였다.

익산에서 오산, 임피역을 거쳐서 대야, 개정, 군산역으로 가는 새벽 첫 기차는 콩나물시루보다 더 빽빽했다. 통학하는 학생들도 많고, 도깨비시장(군산역 주변에 잠깐 섰다가 사라지는 시장)에 고구마순, 호박, 배추, 열무 등을 한 보따리씩 이고 팔러 가는 아주머니와 할머니도 많았다. 군산역에 도착하는 시간은 오전 6시 50분께. 기차가 서자마자 할머니들은 젖 먹던 힘까지 모아 달려 나갔다. 역 건물에 바짝 붙어 조그만 노점을 펼쳤다. 통근기차가 오는 오전 8시 10분까지 1시간 남짓 장사해서 새끼들 먹이고 가르칠 돈을 만들었다.

땅 한 뙈기 없는 시내 사람들은 해망동에서 산 생선을 머리에 인 채로 군산역에서 기차를 탔다. 임피역에 내려서는 술산리 곳곳을 다니면서 행상을 했다. 현금이 없는 마을 사람들은 보리나 쌀을 주고 생선을 샀다. 손이 빠른 어머니들은 저녁밥을 하면서 생선을 굽거나 생선탕을 끓였다. 군침이 돈 아이들은 정오에 울리던 오포 소리를 들은 것처럼 다들 집으로 돌아갔다.

화장실 건물까지 국가등록문화재

임피역으로 연결된 길은 '구루마' 두 대가 다닐 수 있게 닦인 신작로였다. 강산이 몇 번 바뀔 만큼 세월이 흐르고, 비포장 도로에는 아스팔트가 깔렸다. 학교로, 시장으로, 이웃 도시로 나갈 수 있는 운송수단에 버스와 자동차가 추가되었다. 기차를 타는 승객은 줄어들었다. 1985년, 임피역은 보통역에서 운전간이역으로 격이 낮춰졌다.

88서울올림픽이 열리던 해, 술산리 사람들은 동네에 있는 호원대학교에 가서 대형스크린으로 경기를 관람했다. 대학생들 덕분에 시내버스는 더 자주 임피면을 오갔다. 1995년, 군산시를 둘러싼 옥구군은 도시와 통합되었다. 군산시 임피면 술산리라는 새 주소를 갖게 된 역을 보며 사람들은 생각했다.

'언젠가는 임피역에 기차가 서지 않겠지.'

예상한 일은 일어났다. 하루에 16회씩 임피역에 정차하던 전주 군산 간 통근열차는 2007년 12월 31일에, 하루에 두 번 멈추던 새마을호는 2008년 5월에 운행을 중단했다. 마지막까지 소임을 다했던 임피역은 폐역이 되기 전인 2005년에 국가등록문화재 제208호로 지정되었다. 칸막이 없이

임피역 내부 운행이 멈춘 임피역은 전시관으로 쓰이고 있다. 채만식 소설 속 등장인물들을 바탕으로 만든 조형물로 1930년대 임피역 모습을 재현해 두었다.

임피역사 재래식 화장실 임피역의 재래식 화장실은 1936년 간이역이었던 임피역이 보통역으로 승격하며 지어졌다. 칸막이가 없는 소변 시설을 그대로 볼 수 있는 이곳은 임피역과 함께 국가등록문화재로 지정됐다.

오줌을 누는 재래식 화장실까지 함께였다.

"임피역만 그대로여. 왜정 때 일은 아흔 살 넘은 어르신들이 잘 아는디, 지금은 다 돌아가셨어. 인자는 어르신들이 없어."

임피역의 모정에서 옛날이야기를 들려준 어르신들은 칠십 대와 팔십 대였다. 더 많은 옛날이야기를 해주지 못한다고 안타까워했다. 술산리에서 나고 자라서 농사를 짓는 오십 대 초반의 문선호 씨는 "아저씨가 어르신이잖아요."라면서 껄껄 웃었다. 한 세기 동안 건재한 임피역 덕분에 마을 사람들은 아무리 나이 들어도 절대 어르신은 못 되었다.

주말에는 200여 명의 여행자들이 자동차와 버스를 타고 술산리 최고령 어르신을 보러 온다. 임피에서 태어나 일본 유학을 가고, 서울에서 신문사에 다녔던 소설가 채만식은 임피역에서 기차를 탔을 것이다. 역의 안과 밖에는 채만식의 작품 속 인물들이 조형물로 제작되어 있다. 임피역이 사람들로 바글바글하던 1970년대처럼, 정오에는 역 앞에서 오포 사이렌이 울린다. 놀다가도 오포 소리를 듣고 밥 먹으러 가는 꼬맹이들은 이제 없지만, 지나쳐 온 많은 것들이 문득 그리워진다.

23 오산상회
옛 포구를 사랑한 섬 소년의 카페

아무것도 아닌 것에서 아름다움을 볼 줄 아는 이는 단단하다. "미쳤네!" 사람들이 간단하게 결론을 내려줘도 개의치 않는다. 반질반질한 분홍 조약돌을 주머니 속에 넣고서 혼자만 꺼내보는 아이처럼 자기만의 껍질 속으로 들어간다. 세상이 그 특별한 시선을 알아봐줄 때까지 기다릴 수밖에 없다.

군산 서래포구. 섬에서 태어나고 자란 소년이 쌕쌕이(선외기)를 타고 와 디딘 뭍은 어마어마하지 않았다. 어선, 일하는 사람들, 생선, 멸치, 김, 그리고 비린내⋯⋯. 소년은 고향과 비슷한 육지를 보고 안도했다. 아버지는 운림목욕탕에서 소년의 몸에 낀 때를 밀어주었다. 어머니는 포구 앞의 즐비한 상점에서 생필품을 사고 소년의 학용품을 사주었다.

바다 위로 뜨고 지는 해를 보는 것은 섬사람들의 일상이었다. 불그스름하게 물든 바다가 그보다 더 붉은 해를 꼴딱 집어삼키는 장면을 덤덤하게 봤다. 서래포구에 온 섬 소년은 달라졌다. 간조 때라 물이 싹 빠져서 오지도 가지도 못하는 어선 사이로 해가 뜨는 게 아름다웠다. 서래포구 뒤의 화력발전소가 안개에 잠겨 있는 모습도 보기 좋았다.

소년의 고향 개야도에는 초등학교만 있었다. 섬에서 자란 아이들은 중학교에 진학하기 위해 군산으로 나와야 했다. 서래포구 주변에는 방 한 칸에 부엌 딸린 집이 수두룩했다. 1992년, 중학생이 된 소년은 누나들과 중동장 길 건너의 월세방에 살면서 포구를 오갔다. 안개가 끼고, 해가 지고, 태풍이 지나가는 서래포구의 풍경은 여전히 아름답게 보였다.

모든 것이 풍족했던 포구

군산에는 개항 전부터 호남 지역의 세곡을 관리하는 조창이 있었다. 나랏일을 맡아보는 공식적인 포구였다. 물고기를 잡아서 먹고사는 백성들은 옥산면 금성산에서 발원한 경포천의 하구로 모여들었다. 그곳이 서래포구였다. 금강하구를 거쳐 서해로 흘러 서울까지 연결되는 물길, 서울의 시전상인들이 찾아오기도 하는 포구였다. 사람들은 '서울로 간다.'고 해서 '슬애' 또는 '서래포구'라고 불렀다.

1950년대 중반에 군산 중동에서 태어나 평생을 살고 있는 어느 한의사는 서래포구에서 수영하고 물고기 잡으며 놀던 일을 기억한다. 가끔은 때죽나무 열매를 가져온 어른들이 포구의 큰 바위에 앉았다. 넓적한 돌 위에 열매를 올려놓고는 절구에 빻는 것처럼 짓이겼다. 때죽나무 열매에서 나온 즙은 포구 위로 퍼졌다. 순간적으로 기절한 물고기 떼가 떠올랐고, 아이들은 신이 나서 고기를 건져 올렸다. 투명하고 작은 물고기인 뱅어는 너무 흔했다. 생각나면 집에 가서 바가지를 들고나와 힘 안 들이고 푹 떠갔다.

배와 물고기, 사람과 돈이 흔해서 떠들썩했던 서래포구는 'ㄱ'자 모양에 가까웠다. 아파트가 들어서 있는 중동의 돌산 밑까지 어선이 들어왔다. 사람들은 돌산 위 당집에서 매년 음력 정월 대보름날에 동네 사람들의 안녕과 풍어를 비는 당제를 지냈다. 200여 년간 사람들의 바람을 들어주던 당집은 중동 경로당 2층으로 모셔졌다가 얼마 전에야 새로

오산상회에서 바라본 화력발전소　오산상회 맞은편으로 멀리 화력발전소가 보인다. 1968년 서래포구 앞에 화력발전소가 세워지면서 수온이 상승했다. 포구에 흔했던 뱅어가 사라진 이유 중 하나다.

지었다.

군산에서 가장 큰 구시장도 서래포구에서 걸어가면 10분 안에 도착했다. 포구는 갓 잡아 온 생선을 상인들에게 넘기기 좋은 장소였다. 멸치잡이 어선도 수협 공판장이 있는 서래포구로 모였다. 섬에서 나온 사람들은 포구 근처 가게에서 미원, 쌀, 휴지, 비누, 소주를 샀다. 최신영화 비디오테이프를 빌리고, 한의원에 가서 침을 맞고, 약국에서 상비약을 샀다. 섬사람들에게 서래포구는 일종의 기지였다.

1968년, 서래포구 바로 앞에 화력발전소가 지어졌다. 포구는 좁아지고 수온이 높아지면서 뱅어가 싹 사라졌다. 바다를 메우는 새만금 공사를 하고, 토사가 쌓여서 여객선 운항이 어려운 내항이 외항 3부두로 옮겨갔다. 섬은 육지와 연결되었고, 섬사람들은 자동차를 타고 군산 시내에 왔다. 섬에서 태어나고 자란 아이들은 나운동이나 수송동의 아파트에 살면서 중고등학교에 다녔다. 군산 한가운데인 중동의 서래포구는 급격히 쇠락했다.

다 쓰러져가는 포구에 세운 카페

일찍이 서래포구를 눈여겨봤던 개야도 소년 최동민 씨. 군에서 제대하고는 소설 『탁류』에도 나온 째보선창에서 일했다. 엔진, 로프, 윤활유, 노, 닻, 키 등을 취급하는 선구용품점에서 배달 업무를 맡아 했다. 째보선창과 가까운 서래포구에도 자주 왔다. 오산상회라는 선구점 사장님과도 서로 인사하는 사이가 됐다.

세월이 많이 흘렀지만, 동민 씨가 어릴 때 본 포구의 모습은 되감기를 많이 해서 몽땅 외운 영화 속 장면처럼 또렷했다. 선구용품점 배달사원과 횟집 주방의 보조를 거쳐 식

244

당을 운영하게 된 동민 씨는 오랜 시간이 필요한 자신만의 프로젝트를 가동했다. 폐선에서 해체되어 고물로 나온 선구를 10여 년간 사 모았다.

"서래포구는 비가 올 때도, 해가 떨어질 때도 그렇게 예뻐요. 전경이 끝내주는데 사람들이 안 다니잖아요. 오산상회 선구점도 문을 닫고 한 3년간 방치되어 있더라고요. 어느 날 보니까 '임대'라고 붙어 있었어요. 거기서 카페를 한다니까 사람들이 저보고 다 미쳤대요. 지붕도 없어서 오산상

카페 오산상회 오산상회는 버려져 있던 선구점을 그대로 활용해 만든 콘셉트 카페다. 섬에서 태어나 선구점에서 일했던 최동민 씨가 처음 이곳에 카페를 열겠다고 했을 때 모두는 실패를 예상했다.

회는 고양이들하고 비둘기 집이었거든요."

동민 씨는 이름난 카페를 보기 위해 제주도에서 강원도까지 답사를 다녔다. 서울 성수동의 카페들도 빼놓지 않고 둘러봤다. "유레카!" 어느날 동민 씨의 머릿속은 환해졌다. 목욕 중에 금의 무게를 알아낸 아르키메데스의 심정을 알 것 같았다. 선구점이었던 오산상회는 그 자체로 귀중한 건물이었다. 부수고 새로 짓지 않은 게 천만다행이었다.

다시 시작된 서래포구의 이야기

조수간만의 차가 큰 서해는 동해처럼 넓고 푸른 바다와 눈부신 백사장은 없다. 달이 바닷물을 끌어당겼다가 놓아주는 덕분에 하루에 두 번씩 밀물과 썰물이 생긴다. 사람들은 거무죽죽하게 보일 때도 있는 바다와 갯벌에 기대 산다. 동민 씨는 그렇게 먹고살던 사람들이 드나들던 서래포구의 모습을 손님들과 나누고 싶었다.

카페 오산상회에 들어가면 가장 눈에 띄는 게 1톤짜리 닻이다. 동민 씨가 고물상에서 발견한 보물이다. 천장이 높아서 체인블록으로 끌어올려 단단하게 고정했다. 옛날에 부표로 썼던 유리 공들은 창고를 들어내고 중정처럼 만든 자리에 매달아놓았다. 천장에 있는 동그란 조명은 어선의 창문이다. 2층으로 올라가는 계단은 근대역사박물관 근처 기찻길이 철거된 뒤에 버려진 폐목이었다. 동민 씨는 뜻밖의 선물을 받은 것처럼 애지중지 챙겨왔다.

서래포구에 온 어선은 항상 만선이었다. 무거운 생선 궤짝을 사람 힘으로 지고 다니지 않고 컨베이어 벨트로 옮겼다. 이제는 무용해진 그 컨베이어 벨트는 오산상회 옥상에서 길고 신기한 테이블 역할을 맡고 있다. 그 옆 루프탑에 앉으면 포구에 꽉 들어찬 물이 햇볕에 반짝이는 게 보인다.

오산상회 내부 오산상회 내부는 폐선에서 해체돼 버려진 선구를 인테리어 소품으로 활용해 꾸몄다. 카운터 가운데 보이는 닻은 실제 사용했던 것으로 무게가 1톤에 이른다.

고기 잡는 사람은 없어도 갈매기는 끼룩끼룩 모였다가 흩어진다.

숨을 크게 들이마시지 않아도 갯내가 풍기는 오산상회는 얼마 안 가서 사람들을 사로잡았다. 예쁘고 대견한 젊은이들은 카페 곳곳을 돌아다니며 인증사진을 찍었다. 중년들은 커피를 주문해놓고 똥다리가 있던 서래포구 이야기를 했다. 다리 밑 똥 탱크 속 분뇨는 폭우가 쏟아지거나 포구의 물이 빠지는 날에 바다로 뿜어졌다. 염색을 했어도 귀밑머리가 희끗희끗한 중년들은 아이처럼 신나서 똥 이야기를 했다.

뱅어가 자취를 감추고, 섬사람들이 오지 않으면서 서래포구의 시대는 지나갔다. 아무것도 아닌 존재가 되고 말았다. 그래도 변함없이 물때에 맞춰 포구를 찰랑거리게 했다. 어느 날은 큰 산 계곡에 불어난 물처럼 소란스럽게 바다로 물을 흘려보냈다.

비극으로 끝날 뻔한 이야기는 아름다움의 기준이 남다른 한 사람 덕분에 새롭게 시작하고 있다. 어선이 모여들던 옛날처럼 자동차와 사람들이 서래포구로 온다. 한 척의 배 같은 오산상회에 앉아서 포구를 바라본다.

24 신시도

섬을 육지로 만든 새만금 방조제

수심이 얕고 해안선이 복잡한 서해는 38만 4,000km 떨어진 곳에 있는 달이 하루에 두 번씩 끌어당기며 살펴주고 있다. 달이 소멸하지 않는 한, 서해는 갯벌에 쪼그려 앉거나 무릎으로 기는 사람들에게 끊임없이 갯것을 준다.

사람들은 물 빠지고 캄캄해진 바다에서 조개를 잡기 위해 불 켜고 해루질을 한다. 갯바위는 본디 표면을 짐작할 수 없을 정도로 많은 자연산 굴에 덮여 있다. 조새(갈고리 모양의 어구)를 망치처럼 두드리면서 계속 굴을 딴다. 1년 중 가장 물이 많이 빠지는 대사리 때는 맨손으로도 갯바위 틈에서 전복을 잡고, 해삼과 멍게는 마치 줍는 것처럼 채취한다. 놀러온 사람들 손에 선심 쓰듯 잡혀주는 낙지까지 있다. 먼 바다로 나가지 않고도 기대서 살 수 있는 곳이 서해다.

최치원의 족적이 남아 있는 섬

전라북도 군산시 옥도면에 있는 신시도는 외로운 섬이 아니다. 야미도, 무녀도, 선유도, 장자도, 대장도, 방축도, 횡경도 등 16개의 유인도와 그 외 47개의 무인도가 어울려서 산처럼 솟아 있다. 옛사람들이 군산(群山)이라고 한 이유가 여기에 있다. 군도를 이루는 섬 중에서 가장 큰 신시도에는 평평하고 반듯한 논까지 있다.

신시도라는 이름은 일제강점기 때 붙었다. 최치원이 태어났던 신라 말에는 문창현의 심리 또는 신치라고 했다. 1,000년도 더 전에 최치원은 신시도 월영봉에 단을 쌓아서 거문고를 연주했다. 소년 최치원이 월영봉에서 글을 읽으면 바다 건너 중국에까지 들렸다고 한다. 탁 트인 월영대에 선 사람들은 그 말을 의심하지 않고, 중국 사람들도 최치원의 글을 알고 있었다는 뜻으로 해석한다.

주말이면 한두 사람씩 자리 잡고 일몰을 기다리는 곳도 월영대다. 대부분의 사람은 머무르지 않는다. 바다를 보며 걷던 월영대에서 내려와 파도가 치는 몽돌해수욕장을 지난

대각산에서 바라본 고군산군도 고군산군도는 신시도, 선유도, 무녀도 등 16개의 유인
도와 47개의 무인도를 함께 일컫는다. 특히 최치원이 큰 깨달음을 얻었다고 전해지는 대
각산 정상은 서해 다도해의 비경을 느낄 수 있는 곳으로 유명하다.

다. 다시 칼날 같은 바위산을 오른다. 암릉 구간을 한참 올라야 정상에 닿는 이 산은 최치원이 큰 깨달음을 얻은 곳이어서 대각산이다. 어머니의 태중에 있을 때부터 군산에 족적을 남긴 최치원은 열두 살에 당나라로 유학 갔다. 열여덟 살에 외국인 전용시험 빈공과에 장원급제해서 당나라 관리로 10여 년간 일했다. 난을 일으킨 황소에게 '토황소격문'을 써서 무릎을 꿇게 했다.

섬, 배가 없으면 갇히는 곳

군산 도선장에서 배를 타고 1시간 30분을 가야 도착했던 신시도. 섬사람들은 새우와 멸치, 갈치와 고등어를 잡았다. 바지락을 캐고 굴을 땄다. 이웃한 서천이나 대천처럼 김 양식도 대규모로 했다. 부모님 따라서 일찍부터 배를 타지 않았던 아이들은 한 번씩 군산에 나갈 때마다 뱃멀미를 했다. 속에 것을 다 게우고는 축 처진 채로 잠들었다. 여객선이 선착장에 닿으면 가까스로 눈을 떴지만 팔다리에는 여전히 힘이 없었다.

신시도에서 태어난 정정호 씨는 신시도초등학교와 선유도중학교를 졸업했다. 고등학교는 군산에서 시외버스나 기차를 타고 나가야 하는 익산에서 다녔다. 학교 때문에 뭍으로 나간 섬 아이들은 성인이 되어도 고향으로 돌아오지 않았다. 명절 때나 신시도에 왔다. 평발이라서 입대하지 못하고 집에 와 있는 정호 씨에게 아버지는 유언을 남겼다.

"네가 어머니를 모셔라."

싱싱한 회를 세 점만 먹어도 비린내 때문에 비위가 상했던 이십 대 청년, 생선보다 고기를 더 좋아하는 정호 씨는 아버지가 남겨준 선외기를 타고 바다로 나갔다. 칠 남매 중에서 넷째인 그는 어머니와 동생들을 건사하며 어부로 살았다. 한 번씩 바람이 심하게 불면 사흘이고 나흘이고 배가 뜰수 없었다. 뭍에 있는 친구들과 술 한 잔이 하고 싶다고 바다를 헤엄쳐 건널 수는 없었다. 때때로 섬은 철창 없는 감옥처럼 느껴졌다.

어부도 바다를 무서워할 수 있다. 정호 씨는 뒤통수치듯 뒤에서 덮쳐오는 파도가 갈수록 두려웠다. 배보다 빠른 속도로 달려들어서 선미를 치면 순간적으로 어선은 고꾸라졌다. '이러다 죽는구나!' 선장인 정호 씨는 그때마다 겁을 먹었지만, 선원들이 눈치채지 않게 이를 앙다물었다. 정호 씨의 이가 부실한 이유라고 했다.

육지로 나가는 다리

바다가 메워지고, 섬과 섬 사이에 다리가 놓일 거라는 소문
은 오래전에 돌았다. 정호 씨가 스무 살이던 1987년부터였
다. 불가능할 것 같은 이야기는 섬사람들의 마음을 흔들었
다. 텔레비전에 나오는 사람들처럼 차를 타고 집으로 돌아
오는 세상을 그려봤다. 도시로 나간 자식들이 폭풍우 때문
에 선착장에서 끝내 배를 타지 못하고 돌아갈 일도 없다. 날
씨의 영향을 받지 않고 집에 올 수 있다니, 달나라에 가는
것처럼 대단하게 여겨졌다.

1991년, 바다에 방조제를 건설하고 간척지를 만드는
새만금 공사를 시작했다. 찬반논쟁은 끈질기게 따라붙었
고 물막이 공사를 남겨두고는 두 차례나 공사가 중단되기
도 했다. 새만금 공사는 2010년 4월, 19년 만에 끝났다. 바
다를 메워 만든 땅은 여의도 면적의 140배나 됐다. 길이는
33.9km. 세계에서 가장 긴 방조제로 기네스북에도 올랐다.

2010년에는 관광버스의 내비게이션마다 새만금 방조제
가 목적지로 입력된 것 같았다. 전국에서 사람들이 모여들
었다. 바닷바람이 거칠게 불어오는 방조제의 자전거 도로는
젊은이들이나 가족 단위 여행자들이 차지했다. 섬에 다리를

ⓒ전라사진관

새만금 방조제 군산시와 고군산군도, 부안군을 연결하는 방조제로 착공 후 19년이 지난 2010년 준공하였다. 길이 33.9㎞로 세계 최장 방조제로 기네스북에 등재되었다. 새만금 방조제의 건설로 신시도는 고군산군도 중 처음으로 육지와 연결되었다.

놓는 공사가 남아 있어서 덤프트럭도 숱하게 다녔다. 우럭, 갑오징어, 주꾸미, 고등어를 잡는 낚시꾼들도 자동차를 타고 방조제를 지났다.

　새만금 방조제는 건물의 담벼락 같은 곳이었다. 무녀도나 선유도, 장자도의 속살을 보려면 여전히 배를 타고 가야 했다. 하지만 신시도는 달랐다. 신시도의 동쪽 지역인 199봉과 월영재는 새만금 방조제가 건설되면서 육지와 연결되었다. 신시도 사람들은 배를 타지 않고도, 산을 넘은 뒤에 자동차를 타고 군산으로 나갈 수 있게 됐다. '여객선이 안 뜨면 어쩌지?' 하고 특별한 날마다 마음을 졸일 필요가 없어졌다. 미래를 꿈꾸던 신시도 사람들은 준비한 게 있었다. 정호 씨도 그랬다.

"새만금 방조제 공사 중일 때 섬사람들은 배를 타고 군산 나가서 운전면허 학원에 다녔어요. 강사들이 그러더라고요. 섬에서 온 분들이 운전을 다 잘한다고요. 배를 몰아서 그런 가, 감각이 너무 좋대요."

자기 차로 육지에 다니게 된 신시도 사람들. 처음에는 신시도 배수관문에, 나중에는 신시도 휴게소에 차를 세워두었다. 군산에서 사 온 생필품을 배낭 한두 개에 가득 메고 지고 산을 넘었다. 겨울에는 바닷바람이 사람을 종이 인형처럼 무자비하게 흔들어서 애를 먹었다. 그러나 월영재를 넘으면 산기슭에 타고 온 오토바이가 있었다. 짐을 싣고 쌩 달려서 집으로 가는 길이 좋았다.

섬에서 완벽한 육지로

이제 신시도 사람들은 산을 넘어서 집으로 가지 않는다. 마을 앞까지 고속도로 같은 길이 닦였다. 육지 사람들은 고군산군도라고 한꺼번에 묶어서 불렀지만, 이웃한 무녀도나 선유도는 육지처럼 멀었다. 진짜로 가까워진 건 섬 사이에 다리가 놓이고 나서다. 신시도와 무녀도를 이어준 고군산대교는 2016년 7월에 완공됐다. 무녀도에서 선유대교를 잇는 선유대교는 2017년 12월에 개통됐다. 신시도, 무녀도, 선유도, 장자도, 대장도에 모두 차를 타고 갈 수 있게 됐다.

신시도 염전 옆으로는 해양레저복합관광단지가 들어온다. 대각산에는 국내 최대 규모의 국립자연휴양림이 조성되고 있다. 연륙되고 나서도 공사차량은 끊임없이 섬에 드나든다. 정호 씨는 신시도를 살뜰하게 가꾸고 지키는 마을의 이장이다. 바람이 세게 불어서 대각산 전망대의 지붕이 날아가 버리면 첫 번째로 근심을 떠안는 사람이다.

섬사람들은 가끔 연륙되기 전의 신시도를 생각한다. 자고 일어나면 만날 보는 얼굴이 동네 사람뿐이었다. 섬 밖으로 나가는 길이 하나여서 서로 들고 나는 것을 알았고, 힘든 일은 내 일처럼 도우며 살았다. 육지와 연결되고 나서는 시내 사람들이 들어와서 돈벌이가 되는 일을 많이 벌였다. 지금은 외지 사람들의 방식을 따라가는 섬사람도 있다.

변하지 않는 건 드물다. 날씨가 나쁠 때마다 나갈 수 없어서 답답했던 사람들은 비가 오고 바람이 불어도 군산에 나갈 수 있다. 고기를 좋아하는 정호 씨는 시내에서 만난 친구들이 "오늘은 싱싱한 회 좀 먹자."고 하면 속으로 실망하면서도 크게 티를 내지 않는다. 한바탕 즐거운 시간을 보내고 신시도로 들어올 때는 대리 기사를 부르거나 택시를 탄다.

그럼에도 변하지 않는 것도 있다. 달이 소멸하지 않는 한, 서해는 바닷물이 빠질 때마다 갯것을 풍족하게 준다. 물때에 맞춰 4시간 정도 일하면 바지락을 두 망태기쯤 캔다. 검고 알이 굵은 고군산의 바지락은 우리면 사골국물처럼 뽀얗다. 그래서 더 값비싸다. "내 힘으로 먹고산다."는 섬 어르신들의 자부심은 빛바래지 않는다.

25 선유도
도시에서 섬으로 출근하는 사람들

"안 됩니다!" '단호박 권법'을 수련한 매표소 직원들은 꿈쩍하지 않았다. 섬으로 가는 여행객들은 비행기를 타는 공항도 아닌데 왜 신분증을 보여주고 배표를 사야 하느냐고 물었다. 깜빡 잊고 못 가져온 신분증을 나중에 어떻게든 갖다줄 거라면서 열변을 토하기도 했다. 고수의 내공을 짐작한 속세의 사람들은 작전을 바꿨다. 그렁그렁한 눈빛으로 강원도에서 1박 2일에 걸쳐서 왔다거나 고등학교 친구들과 20년 만에 떠나는 첫 여행이라는 하소연을 했다. 그러는 동안에 승선할 시간은 다가왔다. 일행들은 어쩔 수 없다는 듯 선착장으로 갔다. 신선들이 거닐고 놀았다는 선유도에는 신분증을 잘 챙겨온 사람만 갈 수 있었다.

사람과 짐이 나뉘지 않고 뒤섞여 있는 여객선은 완행버스처럼 야미도, 신시도, 무녀도를 거쳤다. 2시간 조금 더 걸려서 망주봉이 있는 선유도에 닿았다. 뭍에서 갖가지 생필품을 산 섬사람들은 초인적인 힘을 써서 물건을 이고 지고 내렸다. 선착장에는 리어카를 끌고 온 식구들이 마중 나와 있었다. 여행자들의 짐도 리어카에 실어서 옮겼다.

오랜 문헌 속 선유도

선유도의 원래 이름은 군산도(群山島)였다. 조선 세종 때 선유도에 있던 진(鎭)을 옥구현 북쪽 진포로 옮겨갈 때 군산이라는 그 지명까지 딸려 보냈다. 진포는 군산이 되고, 군산은 옛날 군산이라는 뜻을 가진 고군산이 되었다. 사람들이 주변의 유인도와 무인도를 합쳐서 고군산군도라고 불러도 선유도는 특별대우를 바라지 않았다.

백제 시대부터 선유도는 중국과 일본으로 통하는 뱃길이었다. 고려 때는 송나라 선박의 기항지였다. 중국 명주에서 온 배들은 흑산도와 선유도를 거쳐 개경으로 올라갔다. 그때의 흔적은 선유도 망주봉 일대에 남아 있다. 고려 시대의 동경(銅鏡)이 발굴되었고, 최상품 청자 조각과 높은 사람이 사는 집에 올렸던 기와 조각은 발밑에서 채이기도 한다.

고려 인종(1123년) 때는 개경으로 가는 송나라 사신단이 선유도에 머물렀다. 『삼국사기』를 쓴 김부식이 선유도까지 와서 사신들을 맞았다. 중국 사신 중에는 시화에 능했던 서긍이 있었다. 그는 사신단이 송나라에서 출발해서 귀국할 때까지의 여정을 『선화봉사 고려도경』에 기록했다. 덕분에 선유도에 대한 기록이 구체적으로 남아 있다.

선유도에는 숭산행궁이라는 관청과 외국사신을 영접하는 객사건물 그리고 군산정이라는 정자와 관청건물 10여 칸이 있었으며 자복사라는 절과 함께 오룡묘라는 사당이 있었다. 군산정이라는 정자는 두 봉우리를 의지하고 있는데 그 두 봉우리는 나란히 우뚝 서 있어 절벽을 이루고 수백 길이나 치솟아 있다.

국가지정문화재가 된 일품의 자연경관

선유도의 상징과 같은 곳이 망주봉이다. 전해 내려오는 이야기에 따르면, 억울하게 유배된 한 충신이 북쪽에 있는 임금을 그리워하다가 돌이 되었다고 한다. 어떤 부부가 천년

임금을 기다리다가 그대로 굳었다고도 한다. 해발 152m의 웅장한 두 개의 바위산은 여름에 큰비가 내리면 뜻밖의 아름다움을 선물한다. 큰 산의 봉우리에서 여러 개의 물줄기가 폭포처럼 시원하게 쏟아진다.

소나무는 가파른 바위산 망주봉에 뿌리를 내렸다. 곧지도 않고, 잘생기지 않은 소나무는 성장기를 앞둔 아이들 같다. 짜리몽땅한 모습으로 자유분방하게 뻗어서 하늘과 바다 사이에 떠 있는 것처럼 보인다. 봄마다 망주봉에는 분홍색 유화물감을 덧칠한 것처럼 진달래가 뭉텅이로 핀다. 눈 밝은 사람들이 망주봉에 오르는 이유는 또 있다. 며느리의 등창을 낫게 해준 시어머니꽃인 산자고가 바위틈에 피어서 바다를 보고 있기 때문이다. 겸손하게 몸을 굽히는 사람은 봄볕을 따라온 산자고 꽃을 감상할 수 있다.

망주봉 일대에서는 낙조를 보기 좋다. 같은 자리에서 360도 회전해도 막힌 데가 없다. 일부러 시간을 내서 수평선을 보는 사람의 마음은 몽글몽글해진다. 서서히 귤색으로 물들었던 하늘은 빨갛게 달궈지면서 바다 색깔까지 완전하게 바꿔버린다. 온통 붉은 세상에 빼앗겼던 마음을 추스르는 동안 사위는 어두워진다. 그래서 서해의 낙조 중 으뜸으

망주봉에서 바라본 선유낙조 서해의 눈부신 비경 중 하나로 꼽힌다는 고군산군도의 중심에는 선유도가 있다. 경치가 아름다워 신선이 놀았다고 알려진 선유도 망주봉은 낙조가 특히 아름다워 서해 낙조 중 으뜸으로 꼽힌다.

로 치는 것이 '선유낙조'다.

아름다운 것들은 허무하게 사라진다. 선유 8경 중 3경인 망주봉, 선유낙조, 명사십리도 그 사실을 알고 있었다. 훼손 되지 않기 위해 그들끼리 세운 방책은 뭉쳐 있는 것. 문화재 청도 그 특별함을 알아봐 주었다. 2018년 6월, 망주봉 일원 을 국가지정문화재(명승)로 지정했다. 낙조를 비롯한 자연 경 관과 고려 시대 유적은 보존할 가치가 있다는 이유에서다.

나만의 추억을 모두의 추억으로 만든 사람

망주봉을 수호신처럼 뒤켠에 두고 있는 선유 3구의 새터마 을. 사람들이 지나는 좁은 길은 배를 대는 포구와 바로 연결 되어 있다. 바람 때문에 일부러 지붕을 낮게 하고, 자재가 충분하지 않아 작게 지은 집들은 오밀조밀하게 엎드린 것처 럼 보였다. 1974년에 사랑채와 별채까지 지은 임인택 씨의 집은 눈에 띄었다. 배를 짓는 목수들이 못을 쓰지 않고 껴 맞추기 공법으로 대들보를 세우고 지붕을 올린 집이었다.

일제강점기 때 임인택 씨는 소년이었다. 어느 해였던가, 일본사람들이 조선의 금은보화와 유물을 배에 싣고 고군산 을 지나고 있었다. 숨기고 싶은 게 많아서 무명실로 덧씌운

배는 비행기에 폭격당해서 침몰했다. 어마어마한 명주실이 바다 위로 떠다녔다. 어선을 가진 섬사람들은 바다로 나갔다. 장자도 사람들은 쌀가마니를 건져다가 흉년에 살아남았고, 소년의 아버지는 그러모은 무명실을 팔아서 한 척의 배를 지었다.

옛이야기를 흘려듣지 않고 기억하는 임동준 씨는 임인택 씨의 여섯 아이 중 다섯째다. 1980년대, 초등학생 동준은 군산으로 유학 간 형과 누나들을 그리워했다. 육지에 대한 동경이기도 했다. 맑은 날 집 뒷산에 올라가면, 저 멀리 굴뚝에서 연기를 뿜어내는 장항제련소가 보였다. 선유도 소년이 눈으로 볼 수 있는 유일한 육지였다.

무녀도, 신시도, 장자도에서 초등학교를 졸업한 아이들은 통학선을 타고 선유도중학교에 다녔다. 바람이 심상치 않게 불어오는 날에는 수업을 받다가도 다들 자기 섬으로 돌아가야 했다. 동준 씨는 또래들처럼 선유도중학교에 진학하지 않고 군산으로 유학을 갔다. 그의 형제들처럼 꿈을 크게 가졌고, 공부를 했고, 직장에 다녔다.

동준 씨는 명절이면 산소가 있는 섬에 들렀다. 할머니가 돌아가시고 20여 년간 비워놓은 집은 그의 마음 한쪽을 차지하고 있었다. 선유도에 다리가 놓이기 3년 전부터 동준 씨는 서울의 익선동과 성수동, 목포나 제주의 오래된 한옥을 보러 다녔다. 2017년 12월에 선유대교가 개통되자 혼자서, 때로는 목수와 함께 집을 고치고 돌봤다. 40년 넘은 한옥을 최대한 훼손하지 않고 살려 '선유도에 물들다'라는 펜션과 카페로 만들었다.

새터마을에 네모반듯한 건물이 들어서자 오래된 한옥의 아름다움은 도드라졌다. 창문을 통해 보는 포구는 한 점의

선유도에 물들다 전경 선유도에서 나고 자란 임동준 씨는 할머니가 사시던 40년 된 한옥을 리모델링해 펜션과 카페를 만들었다. 세련된 분위기로 재탄생한 한옥 마당에서는 바다를 배경으로 한 음악회와 선유도 역사 강의 등이 열리기도 한다.

그림 같았다. 빛에 따라서, 물때에 따라서 시시각각 변하는 풍경은 오래 봐도 질리지 않았다. 동준 씨는 한옥 마당에서 음악회를 열고 고려행궁과 선유도에 대한 역사 강의를 열었다. 망주봉 일원을 제대로 발굴한 뒤에 개발해야 한다고 생각했다.

'선유도에 물들다' 마당에서 몇 발자국만 떼면 포구다. 여행자들은 넓죽한 돌을 골라서 물수제비를 뜨고 고려행궁 자리를 둘러보기도 했다. 그런 색다른 휴식을 기획한 동준 씨는 그의 할아버지가 건져 올렸다는 명주실을 생각한다. 일제강점기에 침몰했다는 보물선이 고군산 바닷속에 있을 거라고 추측한다. 그는 아버지가 지은 한옥에서 일몰을 보고 난 후에 군산 집으로 퇴근한다.

다시 섬으로 돌아오는 사람들

오래전에 배를 타고 왔던 여행자들도, 자동차를 타고 오는 여행자들도 선유도에서 가장 많은 시간을 보내는 곳은 명사십리 해수욕장이다. 바다 위를 걷는 산책로가 생기고, 5초 간격으로 "으~" 소리가 터져 나오는 짚라인이 있다. 자전거를 타고 다리를 건너 장자도까지 갔던 사람들은 차를 타고

장자도 옆 대장도까지 간다. 대장봉에 올라 고군산군도의
매력을 확인한다.

한때 선유도 사람들의 비장의 카드였던 선유 1구 몽돌
해수욕장에는 작은 섬이 있다. 섬 둘레에 데크를 깔아서 산
책로를 놓았다. 바다 가까이로 가서 한가한 시간을 가지라는
듯 해찰할 수 있는 샛길도 있다. 볕이 뜨거운 날에는 소나무
숲이 그늘을 만들어준다. 성질 급해 보이는 낚시꾼들은 데크
한쪽에 짐을 내려놓고 바다로 내려가 낚시를 즐긴다.

선유 1구에서 군산 시내 쪽으로 나가는 길에 무녀도가
있다. 선유도처럼 무녀도 바지락도 알이 굵고 국물이 뽀얗
게 우러나서 거의 다 일본으로 수출한다. 무녀도의 자연산
굴은 종묘를 뿌려서 키운 양식 굴처럼 알이 크고 맛있다. 섬
에서는 온종일 일하지 않아도 도시의 월급생활자만큼 벌 수
있다. 그래서 군산 시내에서 섬으로 일하러 오는 사람들이
늘었다.

모세의 기적처럼 바다가 갈라지는 쥐똥섬 앞에서 굴을
따는 무녀도 2구 청년회장 오세춘 씨도 그랬다. 무녀도초등
학교 5학년 때 군산으로 전학 간 그는 35년간 도시 사람으
로 살았다. 세춘 씨가 운영하던 회사가 문을 닫았을 때는 마

침 섬까지 다리가 놓였다. 그는 맨손어업권을 가진 어머니와 함께 바지락을 캐고 굴을 딴다. 세춘 씨의 어머니는 아들이 배를 타고 나간 날에는 젊은 날에 남편을 기다리던 것처럼 애타게 바다를 지켜본다. 오세춘 씨는 아내와 아이들이 있는 시내의 아파트에서 새벽 4시 50분에 일어난다. 물때는 하루에 30분씩 늦춰지니까 출근 시간도 조금씩 여유 있어진다.

평생을 갈고 닦고 일하면 그 분야의 고수가 된다. 섬사람들은 '캐고 따고 잡는 권법'을 수련한 고수들. 속세의 사람들에게 인고의 세월을 숨기고서 굴을 팔고, 갯벌체험학습을 안내하고, 따끈한 해산물 국물을 판다. 아파트 거실에, 스마트폰 앱에, 물때 달력을 내려받은 미래의 고수들은 군산에서 차를 타고 다리를 건너 섬으로 출근한다.

26 옥구저수지
눈물의 역사가 서린 천만 톤 간척저수지

날씨는 사람의 기분을 조종한다. 해맑게 웃는 아기들조차 하늘이 우중충하게 내려앉은 날에는 오래 보채고 지칠 때까지 운다. 사람들은 높고 파란 하늘 사진이 SNS에 가득한 계절에 조금 더 다정하다.

힘을 가진 날씨는 지형지물을 단련시킨다. 제방 높이 4m, 길이 6.1km, 바다 같은 옥구저수지는 100년 동안 날씨의 손아귀에서 벗어나지 못했다. 이제 저수지의 물빛은 하늘빛을 완벽하게 스캔한다. 차갑고 맑은 날, 옥구저수지에서 보는 세상은 온통 파랗고 하얗다. 유유자적 제방을 걷는 사람들은 손으로 차양을 만들어서 저수지의 끝을 가늠해본다. 걸어갈 엄두가 안 날 만큼 아득하다.

옥구저수지 수평선을 가늠할 수 없을 만큼 넓게 펼쳐진 옥구저수지. 제방 길이 6㎞가 넘는 저수지는 담수된 물이 무려 1,250만 톤에 이른다. 날이 좋은 날 옥구저수지는 하늘을 그대로 반영해 장관을 연출한다.

맨손으로 3년간 닦은 저수지

후지이 겐타로. 군산의 옛일을 돌이켜보다가 알게 된 일본인들은 하나같이 잔혹했다. 후지이 겐타로는 불이흥업 주식회사를 운영했던 '조선 간척사업의 왕'이었다. 그는 군산 서쪽 지역에 있는 갯벌의 가능성을 알아봤다. 방조제만 쌓으면 논밭으로 바꿀 수 있는 서해의 매력에 빠졌다. 후지이 겐타로는 새만금 간척사업의 절반쯤 되는 갯벌을 논밭으로, 100만 평 규모는 저수지로 만들라는 지시를 내렸다.

"영구 소작권 보장, 소작료 3년 면제, 간척 공사 임금 지급!"

　불이흥업 주식회사는 대대적인 선전을 했다. 1910년 경술국치 이후, 토지조사사업으로 땅을 빼앗긴 우리나라 사람들이 먹고 살길을 찾아서 만주나 연해주로 떠난 후였다. 몰락한 동네에 머물러 있던 사람들은 영구 소작권을 주겠다는 간척사업 소식을 희망으로 들었다. 고향 가까운 곳에서 살 수 있을 것 같아 너도나도 군산으로 몰려들었다. 전라도와 충청도에서 온 농민의 수가 3,000여 명이었다.

　산 그림자 하나 없는 넓은 들에 뙤약볕은 자비 없이 내리쬈다. 변변한 장비가 없던 시절이었다. 우리 농민들은 맨손으로 흙을 퍼 날랐다. 갯벌을 간척하고, 벼농사 지을 저수지를 팠다. 온몸을 쥐어짜듯 땀을 흘리며 일하는 사람들의 겨드랑이와 이마에는 허연 소금이 생겼다. 제복을 입고 부츠를 신은 일본인은 군데군데 서서 무명옷 입은 우리나라 사람들을 감시하고 있었다. 군산 옥구에서는 그랬다.

　기적이었다. 1923년, 꼬박 3년이 걸린 대공사가 끝났다. 군산시 옥서면과 미성동의 광활한 갯벌은 총 1,850정보(땅넓이의 단위로 1정보는 3,000평, 약 9,917.4m²에 해당한다)의 농토와 저수지가 되었다. 그 긴 시간 동안 일본인들은 임금 지급 약속을 제대로 지키지 않았다. 우리 농민들 마음은 땡볕 아래서 일할 때보다 더 바짝 타들어 갔다. 너무나 고달파서 1년에 10년씩 늙는 것 같았지만, 불이흥업 주식회사가 해준 약속을 믿고 버텼다. 한 집당 10마지기의 농토를 배당해 줄 거라는 말을 굳게 믿은 것이다.

간척한 땅에 들어선 일본인 마을

후지이 겐타로는 약속을 지키지 않았다. 옥구저수지와 가까운 땅에 333가구의 일본인이 이주해왔다. 한 집당 60마지기의 소유권을 주고, 거금을 들여 기와집 한 채씩도 지어주었다. 일본인이 사는 마을에는 공동 목욕탕과 신사가 들어서고, 일본 아이들만 다니는 학교(현 문창초등학교)가 설립됐다. 그 마을이 불이농촌이었다.

우리 농민들은 옥구저수지와 먼 어은리 일대에 자리 잡았다. 소작으로 얻은 땅은 겨우 5마지기, 먹고살아야 하니까 농민들은 불이농촌에 가서 머슴처럼 일할 수밖에 없었다. 소작권이 아닌 소유권을 가진 일본인의 농사와 집안일을 해주며 연명했다.

"그때는 전부 천수답 농사여. 하늘만 쳐다보고 있어야

혀. 날이 가물믄 뭐를 해보들 못 혀."

1933년에 군산 옥구에서 태어난 어르신은 말했다. 찰랑거려야 할 무논은 비가 오지 않아 쩍쩍 갈라졌다. 농민들이 사력을 다해서 판 옥구저수지에는 물이 가득 차 있었다. 하지만 야멸찬 일본인들은 우리나라 사람들에게는 한 방울의 물도 허용하지 않았다. 물 감시소를 두고 밤낮으로 지켜보았다. 물을 몰래 빼내다가 걸린 우리 농민은 그날로 자리에서 쫓겨났다. 어두컴컴한 새벽에 끌고 온 수차를 다시 쓸 수 없게 박살 내 버리기도 했다.

1945년 8월, 불이농촌에 사는 일본인들은 자국의 패망 소식을 듣고는 군산초등학교에서 집단거주를 시작했다. 그들은 조선인들이 해코지할까 봐 두렵다면서도 추수해야 할 나락을 걱정했다. 군산에 주둔해 있던 미군의 경호를 받으며 수확을 서둘렀다. 하지만 빼앗아 누린 호사는 거기까지였다.

여느 해처럼 군산항에 쌀 탑을 쌓아서 일본으로 가져갈 수 있을 거라 생각했던 그들은 울며 빈손으로 돌아갔다.

기찻길 옆 평화로운 저수지

옥구저수지 앞으로는 기찻길이 놓였다. UN군(미국 제7공

軍)의 군산비행장 보급품 수송을 목적으로 만든 철도였다. 1953년에 개통하고 2년 뒤부터 여객열차를 운행한 철도의 이름은 옥구선이었다. 옥구읍 사람들은 기차를 타고 시내로 나가서 아이들 고무신과 파종할 씨앗을 샀다. 개정에 사는 새색시는 두 번 만나고 입대한 신랑의 집으로 가기 위해 혼자서 보따리를 들고 옥구선을 타기도 했다.

기찻길 옆 동네에서는 아이들이 끊임없이 태어나고 자랐다. 우르르 몰려다닐 만큼 커버린 아이들은 선로에 귀를 대고 기차 오는 소리를 들었다. 선로에 동전이나 못을 올려놓고 찌그러뜨리는 일에 재미를 얻은 아이들은 신작로를 두고도 기찻길을 걸어서 친구네 집에 가고 학교에 갔다. 여객열차는 20여 년 만에 운행을 중단했고, 2006년 11월부터는 화물을 실어 나르는 기차도 다니지 않게 됐다.

옥구읍에서 나고 자라 군산 시내나 대도시로 나간 사람들은 문득 마산방죽(동네 사람들이 옥구저수지를 부르는 이름)에 간다. 할머니 집에 놀러 온 듯한 아이들은 철로에서 네발자전거를 타고 논다. 철길 옆에는 멕시코 해바라기가 짱짱하게 피어 있다. 처음 온 사람은 하도 넓어서 바다인 줄 착각한다는 저수지. 흐린 날에는 목이 긴 왜가리들이 방죽에서

일제히 저수지 쪽으로 목을 내밀고 있고, 방죽 옆 풀 섶에서
는 잠자리 떼가 느닷없이 튀어 오른다.

집수구역이 없어 완주군의 대아저수지에서 물을 끌어오
는 옥구저수지. 담수된 물은 약 1,250만 톤이다. 미 공군 비
행장에 생활용수로 공급하고, 산업단지에 공업용수로도 보
내서 수익을 낸다. 어업면허를 가진 동네 사람은 간간이 물
고기를 잡는다.

옥구저수지 옆 기찻길 저수지 옆 선로는 1953년 UN군이 군산비행장 보급품 수송을 위
해 만들었으나, 2년 후부터 여객열차인 옥구선을 운행했다. 70년대부터 화물열차만 다니
다 2006년부터는 모든 열차의 운행이 중단되었다.

날씨가 좋은 날에 옥구저수지는 참 평화롭다. 방죽 위를 느리게 걸으며 바라보는 세상은 그지없이 아름답다. 신산하게 살아왔지만, 그 티가 나지 않는 고운 할머니 얼굴 같다. 그러나 군산의 역사를 들여다보면, 불이농촌과 옥구저수지의 기적은 남의 일이 아니라 내 일이 된다. 분하고 억울해서, 속상하고 안쓰러워서 불끈 쥔 주먹을 한동안 펴지 못한다. 그 설움과 차마 놓을 수 없었던 희망을 알기에 더 눈부시다. 옥구저수지의 아름다운 풍경 속 진실을 많은 사람들이 기억했으면 좋겠다.

27 청암산

사람 손길 타지 않은 그대로의 자연

군산을 물의 도시라 부를 때가 있다. 고려 시대 때부터 일제 강점기까지 사람의 힘으로 땅을 파서 만든 호수가 곳곳에 있기 때문이다. 동시에 군산을 높은 산이 없는 도시라고 부를 때도 있다. 해발 100m 안팎의 순한 산이 들판이나 바다에 솟아 있기 때문이다.

옥산면에는 이런 군산의 특징을 고스란히 보여주는 청암산이 있다. 아담한 청암산은 커다란 호수 하나를 통째로 감싸고 있다. 산 바깥에는 끝도 없이 넓게 펼쳐진 회현면과 옥산 들녘이 있다. 그러나 청암산은 말할 수 없는 비밀을 가진 사람처럼 섣불리 본모습을 보여주지 않았다.

저수지에서 수원지로

1939년 군산, 자신들이 6년 뒤에 쫓겨날 줄은 꿈에도 몰랐던 일본인들은 옥산면에 벼농사용 저수지를 만들었다. 사람들이 대대로 기대 살던 논을 수몰시켰다. 이웃 마을 처녀가 시집을 오고, 감나무집 장남이 대처로 공부하러 가고, 꼬장꼬장한 거북이네 할아버지의 꽃상여가 나가던 신작로는 물에 잠겼다. 아무런 흔적을 남기지 못하고 수몰된 들과 논두렁은 사람들의 기억에만 남았다.

넉넉한 어머니 품처럼 너른 들녘을 에워싸고 있던 청암산은 그 자리에 새로 생긴 옥산저수지를 너그럽게 감싸 안았다. 옥산저수지는 보답할 줄 알았다. 마을 사람들에게 모심을 물을 대주고, 물고기를 주고, 겨울에는 믿음직하게 꽝꽝 얼어서 아이들을 그 위에서 놀게 해주었다.

옥산저수지가 상수원 보호구역으로 지정된 건 1963년. 마을을 살리던 저수지는 군산시민들의 식수를 제공하는 '옥산 수원지'가 되었다. 통행금지 지역이 되어 행정기관의 보호를 받았다. 집안 형편 때문에 중학교까지만 다녔거나 학생운동으로 감옥에 갔다 온 청년들은 현역 입대를 못 하고 옥산 수원지에 왔다. 보트를 타고 수원지를 돌면서 잠입에

청암산 옥산저수지 이제는 군산호수가 된 옥산저수지는 일제강점기 시절 벼농사를 위해 논을 수장시켜 만들었다. 이후 상수원 보호구역으로 지정되면서 통행이 금지되고 본연의 모습으로 보호되었다.

성공한 낚시꾼들을 쫓아냈다. 그 일이 수원지 공익근무요원들의 임무였다.

수십 년간 사람들의 발길이 닿지 않은 청암산과 옥산 수원지의 생태계는 훼손되지 않고 잘 보존되었다. 상수원 보호구역에서 지정 해제된 2008년까지 방풍림이나 원시림을 그대로 품고 있었다. 군산시는 청암산에 관광객을 끌어들이기 위해 나무를 베어내고 길을 내지 않았다. 흙길에 시멘트를 들이붓지도 않았다. 담대하게 자연의 장래를 생각했다. 믿을 수 없을 만큼 세련된 정책이었다.

산을 오르는 세 가지 방법

청암산은 해발 117m의 구릉성 산지이다. 산꼭대기의 전망대에서는 옥산저수지였다가 옥산 수원지, 이제는 호수가 된 군산호수를 한눈에 볼 수 있다. 그 위쪽의 군산 시내와 정반대편 만경강 하류까지도 금세 닿을 듯 가깝게 느껴진다. 산 아래 펼쳐진 옥산면의 들판은 반듯하다. 벼가 익은 누런 들판을 내려 보고 있자면, 아름답다는 생각마저 든다. 논 한 마지기쯤 갖고 싶다는 욕망까지 생긴다.

청암산을 걷는 방법은 크게 세 가지다. 오른쪽으로 한 바퀴 돌거나, 왼쪽으로 한 바퀴 돌거나, 아니면 중간에서 돌아오는 방법. 사람들은 보통 오른쪽으로 간다. 처음에는 제방 위를 걷는다. 바로 이어지는 산길에서는 수수꽃다리 향기가 진하게 반겨준다. 그때가 봄이다. 노란 애기똥풀꽃도 흔하다. 연한 줄기를 꺾으면 아기 똥과 비슷한 색의 즙이 나온다.

청암산을 왼쪽으로 걷는 사람들은 '인생 초년 고생론'에 동의하는 것 같다. 처음부터 경사진 고개를 연거푸 넘는다. 그러다 보면 평지가 나오고, 한없이 평온해 보이는 호수가 보인다. 대체로 평탄하게 걷다가 제자리로 오는 코스인데 봄에는 보너스가 있다. "이제 다 왔다!" 하고 제방 위로 마지막 걸음을 올리면 길 끝에 활짝 핀 벚나무가 보인다. 격한 환대를 받는 것처럼 설렌다.

습하고 끈끈한 한여름의 청암산에는 산딸기 따 먹는 재미가 있다. 집에서 가져온 차가운 물을 마시려고 자리를 깔고 앉으면 더덕 냄새가 훅 덮친다. 수백, 수십만 년 전에 식물의 열매나 뿌리를 먹고 산 인류의 생존방식이 유전자에 그대로 남아서 나타나는 것 같다. 청암산에서 그 본능을 제대로 발휘한다. 더덕을 캐 손에 쥔 사람들은 그 자리에서 대충 물로 흙을 씻어내고 먹는다.

가을에는 너도나도 제방 옆 억새밭에서 인증사진을 찍는다. 억새가 부드럽게 넘실대는 오후에는 인파에 부딪혀 사진 찍을 순서를 기다린다. 그러다 어린이집에서 나들이 나온 보들보들한 아이들과 마주치면 사람들은 기꺼이 순서를 양보한다. 칼바람에 뺨이 얼얼하고, 아무리 걸어도 발이 시린 한겨울에도 청암산에 오르는 발길은 끊이지 않는다. 뽀득뽀득 눈 밟는 소리의 낭만을 아는 사람, 겨우내 조용히 잠든 땅과 나무를 응원할 줄 아는 마음 따뜻한 사람이 왼쪽으로, 오른쪽으로, 가운뎃길로 산을 찾는다.

청암산 핫플레이스

청암산에는 대나무 숲 구간이 있다. 오솔길을 사이에 두고 조성된 대숲은 영화를 찍기 위한 야외 세트장 같다. 아름다운 풍경 속에 내가 좋아하는 이들의 모습이 담겨 있으면 최고의 추억이 된다. 그래선지 빽빽하고 곧게 선 대나무 사이를 걸어가는 일행을 찍으려고 뒤처지는 사람이 꼭 있다. 혼자 온 사람들은 댓잎이 바람에 흔들리는 소리를 듣고 서 있다. 모르는 사람들이지만, 아이 손을 잡고 가는 젊은 부부나 오랜 세월 서로를 지켜온 노부부의 뒷모습이 근사해 보여서 찍기도 한다.

아름다운 풍경에는 구멍이 있다. 머리끈이나 장난감 조각이 꼭 하나씩 없어지는 집처럼 자꾸 물건을 빨아들인다. 사람들은 '뭇 버들의 왕'인 왕버들 나무 군락지에서 그걸 경험한다. 호수를 다 가릴 만큼 웅장한 왕버들 나무 사이로 햇볕이 스며든다. 이 세상이 아닌 듯한 풍경에 홀린 듯 벤치에 자리를 잡는다. 한참을 넋 놓고 감탄을 이어가던 사람들이 자리를 정리하고 떠난다. 그러곤 10분이나 20분 뒤에 헐레벌떡 뛰어와서는 모자, 장갑 한 짝, 컵을 벤치 아래에서 찾

왕버들 나무 군락지 왕버들 나무가 너른 호수를 다 가릴 만큼 웅장하게 뻗어 있다. 왕버들 나무는 물을 좋아해 물 가까이 서식하는 경우가 많다. 청암산에는 특히 호수에 잠기거나 물속에서 자라는 왕버들 나무도 있어 이색적이고 신비로운 분위기로 등산객의 마음을 사로잡는다.

아낸다. 끝내 허탕을 치는 사람도 있다.

수변 산책로는 멸종위기종인 가시연꽃을 비롯한 600여 종 이상의 다양한 동·식물을 관찰하기에 좋은 곳이다. 그래서 학생들의 생태학습 장소로 쓰라고 청암정을 만들었다. 한겨울만 빼고 군산 시내 유치원이나 어린이집 아이들은 단체로 청암산에 자주 온다. 자연을 최대한 덜 해치면서 만든 습지체험데크, 청암산 꼬마숲, 놀이마당도 아이들이 뛰놀고 배우기 좋은 곳이다.

동네 뒷산이었던 청암산은 어느새 핫플레이스로 성장했다. 한국관광공사가 주관한 '걷기 좋은 길 10선'에 몇 번이나 선정됐다. 주말에는 관광버스를 탄 등산객들이 계절에 관계없이 찾아온다.

2012년 불이 나서 나무 그늘 하나 없는 민둥산에는 봄마다 토실토실한 고사리가 올라온다. 원인 모를 산불로 청암산 2,000㎡의 나무가 불에 탔다. 평화롭기만 했던 산에 닥친 위기였다. 그 길은 실처럼 가느다란 오솔길만 나 있다. 다큐멘터리 '차마고도'에서 본 장면처럼 고요하다. 민둥산 바로 밑에서는 산 그림자를 품은 호수가 떠받치고 있다. "여기가 군산 최고예요."라는 찬사를 받는 곳이다.

청암산 등반의 마지막 목적지

청암산에서 우정이 깨지고 가정불화가 생기는 경우도 있다. '도심에서 차로 10분'이라는 거리 탓에 무방비로 오는 사람들이 그렇다. 제방에 서서 군산호수만 구경하고 가려다가 얼떨결에 2시간이 걸리는 구불길, 2시간 반이 걸리는 등산로, 4시간이 걸리는 수변로에 들어선다. 어디에도 그 흔한 편의점 하나 존재하지 않는다. 목이 마르고 단것이 먹고 싶은 사람들은 '자연 그대로'의 자연 앞에서 작아진다. 가도 가도 끝이 없다고 불평하다가 서로 냉랭해지기도 한다.

표정이 굳고 입이 퉁퉁 불어 산에서 내려온 사람들이 반드시 들르는 곳이 있다. 청암산이 있는 옥산면의 맛있는 국숫집들. 청암산과 군산을 잘 아는 군산시민들도 많이 찾는 곳이다. 마주 앉아서 새콤한 양념 국수나 시원한 물 국수를 먹다보면 엉켰던 마음과 몸이 풀어진다. 후루룩후루룩 면을 빨아들이는 소리 사이로 웃음이 섞인다. 기분 좋게 손을 잡고 근처에 있는 '로컬 푸드'로 간다. 군산 농민들이 자기 이름을 걸고 낸 싱싱한 제철 농산물이 가득 있다. 부른 배를 두드리며 냉장고를 채울 생각에 신이 난 사람들이 더할 나위 없이 완벽한 등산코스를 마무리한다.

28 은파호수공원
수백 년 역사가 흐르는 은빛 물결

군산의 겨울바람은 가는 날을 품고 있다. 맞바람을 맞고 걸으면 볼이 베여 피가 나는 것처럼 쓰라리다. 꽁꽁 언 발은 내디딜 때마다 얼얼해서 종종걸음마저 칠 수 없다. '이 겨울은 영원히 끝나지 않을 것인가!' 절망할 때쯤에야 비로소 바람은 부드러워진다. 해가 길어지며 낮에 잠깐씩 등에 머무는 햇볕도 따스해진다.

발밑에 개불알꽃이 피고, 아파트 담벼락에 개나리가 피고, 사람 사는 동네와 가까운 은파에 벚꽃이 핀다. "아, 좋다! 참 예쁘다!" 칼바람을 견디며 기다렸던 풍경에 사람들이 서둘러 은파로 모여든다. 그러나 하늘의 짓궂은 장난은 봄에 더 유난스럽다. 난데없이 비를 내리고, 봄이 한창 무르익은 4월에 우박을 퍼부은 적도 있다. 밤바람은 다시 사람들 어깨를 움츠리게 만든다. 은파의 벚꽃은 해마다 그렇게 느닷없이 진다.

조바심이 나는 사람들은 은파의 벚꽃을 만끽하기 전, 먼저 진해나 하동으로 간다. 구름처럼 몰린 인파 속에서 상춘객이 되어 밀려다니다 돌아온 일상. 아이들 손을 잡고 걸어가 볼 수 있는 은파의 벚꽃이 얼마나 다정한지를 깨닫는다. 굵은 비가 내리는 쌀쌀한 봄밤, 사람들은 우산을 쓰고서 은파의 벚꽃 터널 속을 걷는다.

490년 전 문헌에 기록된 저수지

은파가 처음 문헌에 등장한 때는 1530년이다. 조선 중종 때 제작된 인문지리서 『신증동국여지승람』에 '미제지'라는 이름으로다. 쌀 미(米)에 둑 제(堤), 그리고 못 지(池). 은파는 물을 가두기 위해 고려 시대 때 만든 저수지였다. 쌀농사를 짓기 위해서 만든 방죽이다.

몇백 년 역사를 가진 은파는 형제자매 많은 집의 막둥이처럼 불리는 이름이 여러 가지였다. 미제지, 미제방죽, 절메방죽, 미제저수지, 미룡저수지……. 그중에 제일은 단연 은

은파호수공원의 미제저수지 은파호수공원은 '미제지'라는 이름으로 490년 전 문헌에 처음 등장한다. 구불구불한 지형이 도드라지는 독특한 모양의 미제저수지는 모양에 관련한 설화도 많다.

파다. 해 질 녘, 미제지에 가둬 둔 물이 반짝이는 모습은 하도 예뻤다. 그래서 은빛 물결 '은파(銀波)'라는 이름이 붙었다. 나중에는 은파뽀드장, 은파유원지, 은파관광지로 불렸다.

　항공사진이나 드론이 없던 옛날에도 사람들은 멋스러운 굴곡을 가진 은파의 아름다운 지형을 파악했다. 그 신묘한 능력은 한 설화로 전해져 내려온다. 옛날 한 아기장수가 미제지를 서울터로 만들려고 그 둘레를 백 개의 굽은 귀(모서리)로 만들었다고 한다. 그런데 백 귀는 밤사이 꼭 하나가 무너져 도로 아흔아홉 귀가 되었다. 결국 아기장수는 울며 떠났다는 내용으로, 은파의 옛 이름 중 하나가 '아흔아홉 귀 방죽'인 이유이기도 하다. 그만큼 굴곡이 많은 곳이다.

6·25전쟁이 일어났을 때는 영동이나 영화동에 사는 시내 사람들이 미제지 바로 옆 미면(미룡동)으로 피난을 왔다. 좌익이 돌아오면 우익이 죽고, 우익이 돌아오면 좌익이 죽던 비극의 시대였다. 사촌끼리도 서로 무기를 겨눠야 했다. 세상을 떠난 자식의 이름을 부르며 부모들이 통곡할 때도 은파의 수면 위로는 볕이 스며들었다. 속절없이 아름다웠다.

휴전협정을 맺고 1년 뒤인 1954년, 은파는 확장 공사를 한 저수지가 되었다. 그렇지만 오랫동안 조용했다. 사람 발길이 뜸한 낚시터 정도가 다였다. 전기가 들어오지 않는 외딴곳이었다. 군산 시내에는 바람이 숭숭 들어오는 흙벽 집에도 전기가 들어와 있을 때였다. 호롱불을 밝히고 살다가 전구를 켜게 된 시내 사람들은 머릿속에 기어 다니는 이까지 보인다며, 지나치게 밝은 빛에 놀라서 감탄했다고 한다.

어둠이 내리면 그대로 어둠 속에 묻히고, 사람이 직접 와서 전하지 않으면 소식 하나 쉽게 건널 수 없었던 은파.

1970년대에 접어들면서 전기와 수도가 들어왔고, 넓어진 도로에는 왕벚나무가 심어졌다. 은파는 차츰 유원지의 모습을 갖춰갔고, 1985년에는 국민관광지로 지정되었다.

호수를 해치는 커다란 배들

은파의 면적은 저수지와 둘러싼 산을 포함해서 총 2,578,524m²(약 78만 평)다. 큰길과 가까운 수면 위에는 커다란 배들이 정박해 있었다. 음식점과 술집이었다. 인상을 찌푸리며 귀를 막게 하는 커다란 음악 소리도, 술 취한 사람들의 흥과 고성도, 근원을 파고들면 한 곳으로 모아졌다. 바로 수상 가옥처럼 호수 위에 떠 있는 배였다.

그곳에서는 신혼부부 피로연도 곧잘 열렸다. 주말에는 오버 사이즈 양복과 에이 라인 스커트에 하이힐을 신은 청춘남녀들이 뭉게뭉게 모여들었다. 생전 처음 해본 화장이 어색해 보이는 새신랑은 "첫 딸 낳는다니까. 입 좀 다물어!"라고 타박을 들어도 헤벌쭉 웃었다. 그러고는 지나가는 사람들이 다 듣도록 큰 소리로 말했다. "친구들아, 먼 길 와줘서 고맙다. 행복하게 잘 살게!" 하지만 누군가에게 평생 잊을 수 없는 추억을 준 배를, 많은 사람들은 점점 거슬려 했다.

가만히 물 위에 떠 있기만 하는 배의 가장 큰 문제는 쓰레기와 오물이었다. 먹고 마실 수 있는 배에서 쏟아지는 쓰레기는 어마어마했다. 만취한 사람이 은파에 빠진 것도 여러 번이었다.

1996년 12월, 결국 군산시는 은파에 정박한 배들을 완전히 철거했다. 장사하던 사람들 대부분은 은파 음식단지로 이전해서 새 가게를 열었다.

물빛다리, 다시 은파를 밝히다

은파는 수많은 장애물을 뛰어넘고서 사랑을 쟁취한 연인 같았다. 고비를 넘기고 세월이 흐를수록 한층 더 반짝였다.

수면 위를 가로지르는 길이 370m, 너비 3m의 보도 현수교가 놓인 건 2006년 9월 27일. 시민들은 한밤중에 조명이 켜진 물빛다리 위를 산책했다. 음악이 나오는 분수를 보고는 발걸음을 멈췄다. "우와! 여행 온 것 같아요." 아이들은 다리 위를 뛰어다니며 말했다. 주말이면 인라인스케이트장에 아이들이 바글바글했다. 산책 나온 어르신들은 입을 크게 벌리고 웃으면서 "예쁘다, 예뻐!"를 연발했다. 물 위를 미끄러지듯 배를 타는 조정 선수들을 보는 재미도 있었다.

물빛다리 길이 370m의 물빛다리는 다리를 구경하기 위해 많은 관광객이 따로 찾을 만큼 은파호수공원의 상징이 되었다. 조명이 켜지면 호수와 어우러져 멋진 야경을 선물하는 것으로도 유명하다.

전국체전 기간에는 은파에서 조정 경기가 열렸고, 시민들은 땀 흘리는 모든 선수를 응원했다.

물빛다리는 어느덧 은파의 상징이 되어 사람들의 발길을 끌었다. 군산에 온 여행자들은 대부분 호수공원을 가로지른 물빛다리 끝까지 갔다가 돌아왔다. 짬뽕, 단팥빵, 박대구이, 회를 먹겠다며 작정하고 온 여행자들은 해가 지면 부른 배를 두드리며 은파로 향했다. 호수 위 일렁이는 물빛다리의 야경을 보며 천천히 걸었다.

한겨울만 아니라면, 버스킹 공연도 제법 볼 수 있는 곳이 은파다. 젊은이들의 노랫소리에 귀를 기울이느라 가던 길을 멈춰도 추위를 덜 느낄 즈음, 변해가는 나무의 색이 눈에 들어온다. 은파를 둘러싼 칙칙한 나무에 갓난아기 손톱 같은 분홍색 전구가 알알이 맺혀 있다. 아침저녁으로 불던 칼바람이 누그러지면 마침내 꽃망울이 터진다. 미룡동에서 나운동이나 수송동, 조촌동으로 출퇴근하는 사람들은 일터로 곧장 가지 않고 은파 뒤편의 벚꽃 길로 차를 몬다. 전국에서 온 관광버스는 쉴 새 없이 은파로 모여든다. 오는 동안 약주 한두 잔씩 마셨을 법한 어르신들은 주차장에 가득 핀 벚꽃을 보며 콧노래부터 흥얼거린다. 눈이 마주치면 여행자다운 친근한 자세를 보이는 것도 잊지 않는다. 어린이집에 다니는 아이들도 벚꽃 아래서 한 사람씩 차례차례 사진을 찍는다.

은빛 호수 가까이의 일상

물빛다리를 건너면 두 갈래의 잘 닦여진 흙길이 나온다. 은파를 속속들이 잘 안다는 사람들은 사창골, 용처, 개정지라는 옛 지명이 붙은 곳으로 이어지는 오른쪽 길로 방향을 꺾는다. 왼쪽은 안백두게, 새 터, 절메산, 임방절, 벌이마당 등이 있는 길이다. 산책 나온 군산시민들이 빨리 걷는 왼쪽 흙

길의 끝에는 주차장과 어린이 놀이터가 있다.

벚꽃이 피기 한참 전인 2월 중순의 어느 한낮부터 그 길 끝은 동화 『거인의 정원』과 닮아 있다. 어디서 이 많은 아이들이 쏟아져 나왔을까. 겨우내 집과 실내 놀이터, 어린이집과 학원에서 시간을 보내며 "나가자. 우리도 나가서 놀자." 하고 졸랐던 아이들은 금방 사그라지는 늦겨울 해를 붙잡고 논다. 바지 속에 내복, 그 안에 기저귀를 차고 뒤뚱뒤뚱 걷는 아기들은 까르르 웃으면서 그네를 타고는 손가락으로 정글짐을 가리킨다. 꼬불꼬불한 터널 미끄럼틀을 탈 줄 아는 아이들은 줄을 길게 서서 차례를 기다린다. 구름사다리 이편에서 저편으로 건너는 아이들은 안간힘을 쓴다. 웃음기가 싹 빠진 얼굴에는 비장함까지 서려 있다.

사람 사는 동네와 이마를 맞대고 붙은 은파호수공원. 군산시민들은 자동차로 접근하지 못하는, 소나무가 무리 지어선 흙길을 에돌아 걷는다. 어느 해 여름에는 젊은 부부들이 물빛다리를 건너 바닥분수까지 갔다. 집에서부터 수영복을 입고서 부모 손을 잡고 온 아이들은 분수 속으로 뛰어들었다. 물에 젖어서 더 도드라지는 아이들의 오동통한 배는 더없이 사랑스러웠다.

은파호수공원의 벚꽃길 봄이면 호수 가장자리를 따라 6㎞에 달하는 산책로에 벚꽃이 만개한다. 만개한 벚꽃과 호수의 반영이 어우러져 장관을 선물하는 은파호수공원은 군산 벚꽃 명소이자 국내 벚꽃 여행지로 손꼽힌다.

"군산에서 한 달 살기 하려면 어느 동네에 집을 구해야 할까요?"

퇴사 후 여유가 생긴 서울시민 권나윤 씨가 물었다. 제주도 한 달 살기, 베트남 한 달 살기 같은 열풍이 군산까지 번지려나. 근대문화가 있어서 여행자들이 즐겨 찾는 원도심. 먹고 마시고 놀면서 사람들과 어울리기 좋은 수송동이 떠오른다. 그러나 생활하는 여행자로 군산에서 머문다면 달라야 한다. 은파호수공원을 옆구리에 포근하게 끼고 있는 나운동, 지곡동, 미룡동이 가장 좋겠다.

은파호수공원은 동네 사람들에게 '일상의 전설'을 만들어주고 있다. 요즘 사람들의 가장 큰 고민이라는 비만, 당뇨를 해결해준다. 경치를 보며 꾸준히 걷기만 해도 처진 마음에는 활력을, 대화가 뜸한 중년 부부에게는 이야깃거리를 준다. 육아와 밥벌이에 지친 젊은 부모에게는 특별한 곳에 다녀온 기분까지 선물한다. 계절에 따라, 머무는 시간대에 따라 은파는 달라 보인다.

사람들은 시간과 돈을 저축해서 낯선 곳으로 간다. 모아두었던 것을 탕진하며 몸과 마음을 충전한다. 하지만 돌아오고 나면 금세 고달파지는 게 일상이다. 똑같은 매일에 지칠 때 군산 사람들은 은파호수공원에 간다. 여럿이 어울려 오는 것으로도, 벚꽃 그늘에 혼자 앉아 있는 것으로도, 오리 배를 타며 아이들의 웃음소리를 듣는 것으로도 "햐! 진짜 좋다."는 말이 터져 나온다. 행복을 주는 파랑새는 결국 가까이에 있음을 깨닫는다.

군산 원도심 주변

1 시간여행마을 : 격자형 도로의 원도심을 따라 잘 보존된 일제강점기의 근대문화유산을 만날 수 있다.

2 옛 군산세관 : 대한제국기에 세워진 후 일제강점기를 거쳐 대한민국까지 113년의 세관 역사를 지닌 건축물. 현재 호남관세 전시관으로 쓰인다.

4 키티의상실 : 개업 52주년. 전북 여성 최초로 파리패션쇼에 간 디자이너가 운영하는 맞춤의상실

5 초원사진관 : 영화 '8월의 크리스마스' 촬영지. 사진관 내부에는 영화 속 명장면이 전시되어 있고, 사진관 옆에는 여주인공의 차량도 함께 있다.

6 이성당 : 우리나라에서 가장 오래된 빵집. 단팥빵과 야채빵이 양대산맥이다.

7 신흥동 일본식 가옥 : 영화 '장군의 아들'과 '타짜'의 촬영 장소로, 100년 된 일본 가옥을 원형 그대로 만날 수 있다.

8 동국사 : 우리나라에 남아 있는 유일한 일본식 사찰. 일본 불교계와 함께 세운 참사문비와 소녀상이 있다.

9 근대역사박물관 : 해양물류역사관, 어린이박물관, 근대생활관, 기획전시실 등 다양한 주제로 군산의 근대사를 볼 수 있는 곳

12 빈해원 : 70년 전 개업한 중화요리 집으로, 중국 객잔을 닮은 곳에서 원조 짬뽕을 맛볼 수 있다.

13 일도당 : 3대째 대를 이어 가고 있는 도장가게. 70년 넘게 한 자리를 지키고 있다.

14 항도호텔 : 군산 1호 호텔. 빈티지한 분

금란도

18 위기로 아날로그 감성을 느낄 수 있는 숙소

19 군산상고 : 1970년대 야구계에 돌풍을 일으켰던 역전의 명수 군산상고와 군산 야구의 전설을 추억할 수 있다.

월명공원 : 군산의 대표 벚꽃 명소. 서해와 금강을 한눈에 내려 볼 수 있는 전망대, 바다조각공원 등 여러 휴양 시설을 즐길 수 있다.

▲점방산

월명호수

금 강

2 옛 군산세관
9 근대역사박물관

19 월명공원

일도당 **13**   **1** 시간여행마을   **12** 빈해원

5 초원사진관
신흥동 일본식 가옥 **7**   항도호텔 **14**   **6** 이성당

▲장계산

8 동국사   키티의상실 **4**
▲월명산

18 군산상고

대한민국 도슨트 • 군산 인문 지도
군산, 고군산군도

3 경암동 철길마을 : 철길을 사이에 두고 마주 선 50여 채의 집이 이색적인 풍경을 만들어 내는 곳. 옛 교복대여점, 문방구 등에서 추억 여행을 할 수 있다.

10 이영춘 가옥 : 100년 전 세운 일본인 호화 별 장 구경과 동시에, 해방 후 그곳에 머물렀던 한국의 슈바이처 이영춘 박사의 생애를 엿볼 수 있는 곳

11 군산 3·1운동 100주년 기념관 : 다양한 전 시와 다채로운 체험 활동을 통해 독립운동을 경험할 수 있다.

15 신토불이통닭 : 직접 개발한 양념닭똥집이 별미. 레트로한 분위기가 매력인 26년차 동네 인기 통닭집

16 한길문고 : 33년 역사의 군산 대표 서점. 저자 강연, 엉덩이로 책읽기 등 특별한 프로그램이 열린다.

17 수송동 : 군산의 강남으로 불리는 핫플레이 스. 전통맛집과 신생맛집을 함께 즐길 수 있 는 곳

20 나포 십자뜰 : 가창오리 떼의 군무를 볼 수 있는 전 세계 유일한 장소

서 해

군산

새만금방조제

✈ 군산공항

21 대야시장 : 군산 유일한 오일장. 1일과 6일에 서며, 300m에 이르는 길을 따라 시골 장터의 활기와 재미를 느낄 수 있다.

22 임피역 : 아름다운 간이역으로 손꼽히는 곳. 일제강점기 수탈을 위해 세웠던 간이역으로, 역사와 화장실까지가 모두 국가등록문화재 로 등록됐다.

23 오산상회 : 서래포구 앞, 버려진 선구용품점 을 리모델링해 만든 카페. 컨베이어 벨트 테이 블, 어선 창문으로 만든 조명 등 감각적인 인 테리어가 돋보인다.

25 선유도

24 신시도

서천군

㉠ 나포 십자뜰

금강

군산역

오산상회
㉓
군산 3·1운동 100주년 기념관 ⑪

경암동 철길마을
③
군산시외버스터미널

⑩ 이영춘 가옥

군산시청

신토불이통닭 ⑮⑯ ⑰
수송동

⑫ 임피역

한길문고

㉘ 은파호수공원

㉑ 대야시장

㉖ 옥구저수지

익산시

㉗ 청암산

만경강

김제시

㉔ 신지도 : 고군산군도 중 가장 큰 섬으로, 서해 다도해의 비경을 내려 볼 수 있는 대각산, 몽돌해수욕장, 염전 등의 볼거리가 많은 곳이다. 새만금 방조제를 통해 차로 갈 수 있다.

㉕ 선유도 : 경치가 아름다워 신선이 놀았다고 알려진 섬. 선유낙조는 서해 낙조 중 으뜸으로 꼽는다.

㉖ 옥구저수지 : 1923년 갯벌을 간척해 만든 저수지. 제방을 따라 산책을 즐길 수 있으며, 특히 맑은 날 하늘을 거울처럼 비춰 장관을 연출한다.

㉗ 청암산 : 왕버들 나무 군락지, 대나무 숲, 군산호수, 습지체험데크 등 다양한 생태관광지를 가진 군산 대표 명산. 수십 년간 사람의 출입이 통제돼 자연 그대로의 모습을 간직하고 있다.

㉘ 은파호수공원 : 1530년 문헌에 등장했던 저수지가 변화해 지금의 호수공원이 되었다. 군산의 벚꽃 명소로 상춘객이 많이 찾는다. 호수를 가로질러 놓인 물빛다리는 야경이 아름답다.

대한민국 도슨트 · 군산 연표

1530	1899	1903	1908	1910
미제지(현 은파호수공원) 문헌 기록 등장	**5월 1일** 군산항 개방 군산조계지 형성	**2월** 영명학교 설립	**6월** 군산세관 준공 	이즈모야 과자점(이성당 전신) 개점

1927	1935	1936	1939	1943
11월 옥구농민항쟁 전개	이영춘 박사 자혜진료소 부임 	임피역 보통역으로 승격	개정초등학교 위생실 신설(양호교사 제도 효시) 옥산저수지 조성	일도당 개업

1965	1968	1969	1970	1972
대야(오일)장 첫 개장	군산상고 야구부 창단	키티의상실 개업	**7월** 군산상고 최관수 감독 취임	**7월** 군산상고 황금사자기 대회 우승

1913	1919	1923	1924	1925
월명산 금강선사(현 동국사) 개산(開山)	**3월 5일** 3·5만세운동 전개	옥구저수지 완공	간이역 임피역 건설	히로쓰 가옥(현 신흥동 일본식 가옥) 건축물대장 등록

1944	1945	1948	1951	1955
군산역~ 북선제지공장 철로 개통(현 경암동 철길마을)	이성당 개업	이영춘 박사 농촌위생연구소 설립	빈해원 개업	금강선사에서 동국사로 이름 변경

1980	1985	1987	1991	1994
11월 이영춘 박사 별세	**8월 26일** 은파호수공원 국민관광지 지정	녹두서점(현 한길문고) 개점	**11월** 새만금 공사 착공	옛 군산세관 전라북도 기념물 제87호 지정

대한민국 도슨트 · 군산 연표

1995	2003	2004	2005	2006
신토불이통닭 개업	이영춘 가옥 전라북도 유형문화재 제200호 지정	**4월** 수송동 택지 개발 시작	신흥동 일본식 가옥 국가등록문화재 제183호 지정 **11월** 임피역 국가등록문화재 제208호 지정	**4월 27일** 은파호수공원 물빛다리 건설

2007	2008	2010	2011	2012
12월 31일 임피역 전주~군산 통근열차 운행 중단	**5월** 임피역 새마을호 운행 중단 **7월** 경암동 철길마을 열차 운행 중단	**4월 27일** 새만금방조제 준공	**9월** 근대역사박물관 개관	**9월** 동국사 참사문비 조성 **8월 13일** 한길문고 홍수 피해 **10월 6일** 한길문고 2층으로 이전

2013	2016	2017	2018	2019
초원사진관 복원 **10월** 군산 시간여행축제 시작	**7월** 고군산대교 개통	**12월** 선유대교 개통	**6월** 선유도 망주봉 일원 국가지정문화재 (명승) 지정 **8월** 옛 군산세관 국가지정문화재 사적 제545호 승격	**6월** 동국사 일제강점기 군산역사관 개관

참고 자료

강석훈·구단비·노현식 외 공저, 『왜 우리는 군산에 가는가』, 글누림, 2014.

공종구·김민영 외 공저, 『새만금 도시 군산의 역사와 삶』, 선인, 2012.

공종구·김민영 외, 『군산의 근대 풍경 : 역사와 문화』, 선인, 2015.

김경욱, 『이렇게 된 이상 마트로 간다』, 왓어북, 2019.

김성호, 『종교건축기행34』, W미디어, 2007.

김종윤·서긍, 『선화봉사 고려도경』, 움직이는책, 1998.

김중규, 『군산역사이야기』, 안과밖, 2001.

김중규, 『군산 답사 여행의 길잡이』, 나인, 2003.

김훈, 『칼의 노래』, 생각의 나무, 2001.

디자인하우스편집부, 〈행복이 가득한 집 : 1월〉, 디자인하우스, 2015.

매거진군산편집부, 〈매거진 군산 : 12월〉, 2019.

배지영, 『신흥동 사람들』, ICM, 2019.

전라북도 문화체육관광국 문화유산과·군산시 문화예술과, 『동국사 소장 일제강점기 문화유산 학술조사 보고서』, 2019.

조정래, 『아리랑 2』, 해냄, 1994.

조정래, 『아리랑 6』, 해냄, 1994.

조종안, 『군산야구100년사』, ICM, 2014.

조종안, 『금강, 그 물길 따라 100년』, ICM, 2018.

이행, 『신증동국여지승람』, 명문당, 2000.

채만식, 『탁류』, 현대문학, 2011.

대한민국 도슨트
한국의 땅과 사람에 관한 이야기

다시, 한국의 땅과 한국 사람에 관한 이야기를 시작하다

이중환의 『택리지』, 김정호의 『대동지지』, 뿌리깊은나무 『한국의 발견(전 11권)』(1983)은 시대별로 전국을 직접 발로 뛰며 우리의 땅과 사람, 문화를 기록한 인문지리지들이다. 이 선구자들이 있었기에 우리는 오늘날까지 스스로를 보다 잘 이해하고 발전시켜올 수 있었다.

기록되지 않는 것은 시간이 흐르면 사라진다. 특히 정규 교과에서 깊이 다루지 않는 1970~80년대 이후의 한국은 젊은 세대에게는 미지의 영역이나 다름없다. 대한민국 도슨트 시리즈는 더 늦기 전에 한국의 오늘을 이야기하고자 한다.

하나의 지역이 한 권의 책으로

각 지역의 고유한 특징을 깊이 있게 담아내고자 독립된 시·군

단위를 각각 한 권의 책으로 기획했다. 그리고 목차는 답사하기 좋도록 대표적인 장소 중심으로 구성하였다. 오래된 문화유산과 빼어난 자연환경은 물론, 지금 가장 활발하게 움직이는 곳이나 역동적으로 태동 중인 곳들도 담아내려고 노력했다.

이들 장소에는 그곳을 거쳐간 수많은 사람들의 기억과 경험이 누적되어 있다. 그것들을 살려내 가급적 쉬운 언어로 풀어내고자 애썼다.

지역의 시선이 고스란히 담긴 특별한 안내서

각 지역의 도슨트는 해당 지역에 거주하거나, 지역과 깊은 연고가 있는 분들이다. 오랫동안 가까이에서 지역의 변천사를 지켜봐온 저자들이 유의미한 공간들을 찾고 고유한 이야기를 풀었다. 이 시리즈가 지역의 거주민들과 깊이 있는 여행을 원하는 이들 모두에게 새로운 발견과 탐구의 출발점이 되었으면 한다.

대한민국 도슨트 시리즈 목록

* 대한민국 도슨트 시리즈는 계속 출간됩니다.
** 발간 순서는 사정에 의해 변경될 수 있습니다.

대한민국 도슨트 07

군산

1판 1쇄 발행 2020년 7월 15일
1판 3쇄 발행 2023년 11월 1일

지은이 배지영
펴낸이 김영곤
펴낸곳 ㈜북이십일

문학팀 김지연 원보람 권구훈
출판마케팅영업본부장 한충희
마케팅2팀 나은경 정유진 박보비 백다희 이민재
출판영업팀 최명열 김다운 김도연
제작팀 이영민 권경민
외주편집 박정효
사진 배지영 스튜디오다홍
디자인 02정보디자인연구소
일러스트 윤아림

출판등록 2000년 5월 6일 제406-2003-061호
주소 (10881) 경기도 파주시 회동길 201(문발동)
대표전화 031-955-2100 팩스 031-955-2151 이메일 book21@book21.co.kr

(주)북이십일 경계를 허무는 콘텐츠 리더

대한민국 도슨트 채널에서 도서 정보와 다양한 영상자료, 이벤트를 만나보세요!
포스트 post.naver.com/travelstudy21
인스타그램 www.instagram.com/k_docent

ⓒ배지영, 2020

ISBN 978-89-509-8893-7 04900
      978-89-509-8258-4 04900 (세트)

책값은 뒤표지에 있습니다.
이 책 내용의 일부 또는 전부를 재사용하려면 반드시 ㈜북이십일의 동의를 얻어야 합니다.
잘못 만들어진 책은 구입하신 서점에서 교환해드립니다.

이 책의 내용 중 오류나 잘못된 정보가 있을 경우 k_docent@book21.co.kr로 연락주세요.
독자 여러분의 지적 사항을 반영하여 지속적으로 수정·보완하겠습니다.